大佛頂首楞嚴經通議

憨山大師系列

大佛頂首楞嚴經通議

目錄

〈上冊〉

大佛頂首楞嚴經通議

憨山大師系列

唐天竺沙門般剌密帝　譯
明南嶽沙門憨山釋德清　述

〈下冊〉

大佛頂如來密因修證了義諸菩薩萬行首楞嚴經通議卷第六

唐天竺沙門般剌密帝譯
烏萇國沙門彌伽釋迦譯語
菩薩戒弟子清河房融筆受
明南嶽沙門憨山釋德清述

◎二觀音耳根圓證分三

初述觀行所由

爾時觀世音菩薩。即從座起。頂禮佛足。而白佛言。世尊。憶念我昔無數恆河沙劫。於時有佛。出現於世。名觀世音。我於彼佛。發菩提心。彼佛教我從聞思修。入三摩地。

∴ 二述根獲圓通分三

◬ 初此根初解先證人空分二

※ 初亡前塵

初於聞中入流亡所。所入既寂。動靜二相。了然不生。

※ 二盡內根

如是漸增。聞所聞盡。

◬ 二空性圓明以證法空分二

※ 初遣觀智

盡聞不住。覺所覺空。

※ 次遣重空

空覺極圓。空所空滅。

△ 三俱空不生頓證一心

生滅既滅。寂滅現前。

三述入流成正覺分二

△ 初總顯頓超十地

忽然超越世出世間。十方圓明。獲二殊勝。一者。上合十方諸佛本妙覺心。與佛如來同一慈力。二者。下合十方一切六道衆生。與諸衆生。同一悲仰。

議曰。此觀音耳根圓證也。於音言觀。則已不用耳聞矣。所師之佛名觀音者。顯法有所本也。從聞思修者。謂從聞中思而修之也。初於聞中入流亡所等者。即前云此根初解先得人空也。六根順流奔境。故隨情造業。今於耳根思修。則不緣外境矣。入流者。返流也。謂逆彼業流。返觀聞性。則不由前塵所起知見而聞性現前。塵境遂空。故曰亡所。且未觀聞性之前。以境有動靜。則聽不出聲矣。今觀聞性寂然。則境無動靜之相。故曰了然不生。是亡前塵也。如是漸增等者。由境寂滅。復增觀行。以所聞聲塵既無動靜。則此聞根亦泯。故曰聞所聞盡。此盡內根也。盡聞不住等者。此空性圓明成法解脫也。謂根塵雙泯。為盡聞處。而亦不住盡聞之覺。更增觀行。根塵既泯。而此觀智亦亡。故覺所之覺亦空。此空觀智也。空覺極圓等者。謂空觀智之空。至於極圓之處。則空所空之空。亦任運而滅。故曰空所空滅。此泯諦理遣重空也。生滅既滅等者。明俱空不生也。如此重重遮遣。至於無遣。故曰生滅既滅。寂滅現前。此妙行已圓。而三諦一心。平等顯現。故能忽然超越也。一念頓證。故曰忽然。十界依正。皆寂滅一心所現影像。故曰超越。圓滿十方。洞然無礙。故曰圓明。即前云明相精純。一切變現不為煩惱。皆合涅槃清淨妙德。故上合諸佛本妙覺心。圓照自心眾生。無不願度。故曰同一慈力。下與六道一切眾生共一法身。以眾生心中之悲仰。即諸佛拔苦之覺地。故曰同一悲仰。此二最勝。一時獲得。是所謂圓通超餘者也。

△二別顯妙用無方分五

◎初證同體慈能三十二應

世尊。由我供養觀音如來。蒙彼如來。授我如幻聞熏聞修。金剛三昧。與佛如來。同慈力故。令我身成三十二應。入諸國土。

議曰。此觀音所證。由無緣慈。上等佛心。故能三十二應。以顯妙用無方也。楞伽說有三種意生身。謂三昧樂意生身。此當八地。覺法自性性意生身。此自九地至等覺。種類俱生無行作意生身。此由等覺入妙覺位。聖種類身一時俱現。觀音以如幻聞熏聞修金剛三昧力故。一念頓證妙覺。而三十二應。正當種類俱生無行作意生身。所謂普門示現也。

世尊。若諸菩薩。入三摩地。進修無漏勝解現圓。我現佛身。而爲說法。令其解脫。

議曰。十地菩薩。坐寶華王座。垂成正覺。亦須別佛說教聞熏。令斷最後生相無明。故觀音現佛身而說法也。勝解現圓。此指最極根本無分別智。將圓滿時。此正等覺位。觀行所證之智也。以離因位。故曰解脫。

若諸有學。寂靜妙明。勝妙現圓。我於彼前。現獨覺身。而爲說法。令其解脫。

議曰。此現獨覺身說法也。獨覺。出無佛世。觀緣悟道。亦名麟喻。言其獨也。中乘各有資加二行。名為有學。此後斷惑。便證無學。約自乘理智將證未證。故曰寂靜妙明。菩薩現同類身而為說法。令其證入。故曰解脫。

若諸有學。斷十二緣。緣斷勝性。勝妙現圓。我於彼前。現緣覺身。而爲說法。令其解脫。

議曰。梵語辟支迦羅。此云獨覺。亦云緣覺。獨但自悟即前所現。緣覺依教觀十二因緣。作流轉還滅二種觀門。未發真前。名為有學。用七十七智。推因審因。理智將圓。故曰勝妙現圓。菩薩現同類身而為說法。令其解脫也。

若諸有學。得四諦空。修道入滅。勝性現圓。我於彼前。現聲聞身。而爲說法。令其解脫。

議曰。此現聲聞乘人也。四果前三。名有學。第四阿羅漢果。名為無學。將證生空。故曰勝性現圓。菩薩現身說法。令其速證。

上現三乘身也

若諸衆生。欲心明悟。不犯欲塵。欲身清淨。我於彼前。現梵王身。而爲說法。令其解脫。

議曰。此現修梵天行也。厭欲界是苦。是麤。是障。欣禪天是靜。是妙。是離。故曰欲身清淨。故菩薩現身為說四禪出入定法。令其離欲。生於梵世。此現色界天身也。

若諸衆生。欲爲天主。統領諸天。我於彼前。現帝釋身。而爲說法。令其成就。

議曰。此現修地居天行也。愛統諸天。謂帝釋居忉利天。統三十三天也。為說上品十善法。令其成就。

若諸衆生。欲身自在遊行十方。我於彼前。現自在天身。而爲說法。令其成就。

議曰。此現欲界第三四天也。慈恩云。得異熟果。隨意所念。勝下二天。下二天果。依樹而得。今隨欲得。故名自在。

若諸衆生。欲身自在飛行虛空。我於彼前。現大自在天身。而爲說法。令其成就。

議曰。此現大自在天也。樂變化天。他化自在。樂自樂他。變為樂具而受用之。名大自在。

若諸衆生。愛統鬼神。救護國土。我於彼前。現天大將軍身。而爲說法。令其成就。若諸衆生。愛統世界。保護衆生。我於彼前。現四天王身。而爲說法。令其成就。若諸衆生。愛生天宮。驅使鬼神。我於彼前。現四天王國太子身。而爲說法。令其成就。

議曰。天大將軍。即帝釋所管將也。分住三十二天。各領鬼神。鎮護四方。四天王者。下界之初天。於須彌腰各居一埵。統領鬼神。每王二部。共八部神。救護國界。天王太子。即那吒之類。輔政統攝。護世益人。菩薩現同類身。先令成就。後令出離。上現六欲天身也若諸衆生。樂爲人王。我於彼前。現人王身。而爲說法。令其成就。

議曰。此現人王身也。王者。往也。人皆歸往。四輪粟散。皆人之主。以上化下。物無不從。

若諸衆生。愛主族姓。世間推讓。我於彼前。現長者身。而爲說法。令其成就。

議曰。此現長者身也。長者具有十德。謂姓貴。位高。大富。威猛。智深。年耆。行淨。禮備。上歎。下歸。十德全備。名大長者。

若諸衆生。愛談名言。清淨自居。我於彼前。現居士身。而爲說法。令其成就。

議曰。此現居士身也。博聞強識。不求仕宦。隱居求志。故名居士。

若諸衆生。愛治國土。剖斷邦邑。我於彼前。現宰官身。而爲說法。令其成就。

議曰。此現宰官身也。國。域也。邦。封也。有功者封於此也。邑。縣邑。各有所典。故曰宰官。此葺治邦家。移訓風俗。剖判決斷民之枉直也。

若諸衆生。愛諸數術。攝衛自居。我於彼前。現婆羅門身。而爲說法。令其成就。

議曰。此現婆羅門身也。婆羅門。此云淨行。呪禁算藝。調養方法。皆為數術。菩薩乘機現相。獎而成之。亦何物而不化。

若有男子。好學出家。持諸戒律。我於彼前。現比丘身。而爲說法。令其成就。

議曰。此現比丘身也。尸羅。此云戒。毗尼。此云律。由依律法。防非止惡。故名為戒。即二百五十戒也。

若有女人。好學出家。持諸禁戒。我於彼前。現比丘尼身。而爲說法。令其成就。

議曰。此現比丘尼身也。尼。女聲。即女比丘。持五百戒也。既戒德自嚴。軌物成化。進行彌速。遠出三界。

若有男子。樂持五戒。我於彼前。現優婆塞身。而爲說法。令其成就。若有女子。五戒自居。我於彼前。現優婆夷身。而爲說法。令其成就。

議曰。此現男女二身也。優婆塞。此云近事男。優婆夷。此云近事女。樂持五戒。志慕清淨。菩薩現身說法。令其成就。五戒者。一不殺。二不盜。三不邪婬。四不妄語。五不飲酒。衆生持此。則成佛真因。從是建立。若五戒不持。人天路絕。

若有女人。內政立身。以修家國。我於彼前。現女主身。及國夫人。命婦大家。而爲說法。令其成就。若有衆生不壞男根。我於彼前。現童男身。而爲說法。令其成就。若有處女。愛樂處身。不求侵暴。我於彼前。現童女身。而爲說法。令其成就。

議曰。現女主等身所以修家國而益羣生。此菩薩之能事。宜為說法。令其成就也。若童男童女。皆志慕貞潔者。上皆因所願慕。而令其成就者也。

若有諸天。樂出天倫。我現天身。而爲說法。令其成就。若有諸龍。樂出龍倫。我現龍身。而爲說法。令其成就。若有藥叉。樂度本倫。我於彼前。現藥叉身。而爲說法。令其成就。若乾闥婆。樂脫其倫。我於彼前。現乾闥婆身。而爲說法。令其成就。若阿脩羅。樂脫其倫。我於彼前。現阿脩羅身。而爲說法。令其成就。若緊那羅。樂脫其倫。我於彼前。現緊那羅身。而爲說法。令其成就。若摩呼羅伽。樂脫其倫。我於彼前。現摩呼羅伽身。而爲說法。令其成就。

議曰。此現八部之形。令其出類也。天厭樂。龍怖苦。乾闥婆。帝釋之樂神也。性蕩逸。藥义勇健。脩羅似天而無天德。性多慢故。緊那羅。云疑神。似人而頭有角。摩呼羅。蟒形而腹行。此雖在佛會。為八部之眾。而宿因毀戒惡緣。故墮斯類。今願慕出倫。故菩薩現身。一一說法。令其成就也。

若諸衆生。樂人修人。我現人身。而爲說法。令其成就。若諸非人。有形無形。有想無想。樂度其倫。我於彼前。皆現其身。而爲說法。令其成就。

議曰。此現人非人身也。六道之中。唯人身難得。故曰。鬼神沈幽愁之苦。鳥獸懷獝狘之悲。脩羅方瞋。諸天耽樂。可以整心慮。趣菩提。唯人道為能耳。故樂人修人。謂可以親近三寶。見佛聞法故也。有形無形等者。有形。謂有色蘊。如下休咎精明等。無形。謂無色蘊。如空散消沈等。有想。謂有四蘊。如鬼神精靈等。無想。謂無四蘊。精神化為土木金石等。此非人類也。

是名妙淨三十二應。入國土身。皆以三昧聞熏聞修。無作妙力。自在成就。

議曰。此結歸觀心也。盡法界身。本無出沒。何有升沈。但以迷本圓明。是生顛倒。則知九界眾生。皆妙淨明心之影像。猶如空華。亂起亂滅。故出世三乘。依之而遠離。三界異類。以之而輪迴。菩薩圓證此心。故一切影現於寂滅心中。隨其所欲而一一成就。非唯成就彼眾。實顯自性圓明。以不外於一念。特應現之速耳。故結名曰皆以三昧聞熏聞修無作妙力自在成就也。

◎二證同體悲能十四無畏

世尊。我復以此聞熏聞修。金剛三昧。無作妙力。與諸十方三世六道一切衆生。同悲仰故。令諸衆生。於我身心。獲十四種無畏功德。

議曰。此由與諸眾生同一悲仰。故令得十四無畏功德也。言以金剛三昧無作妙力等者。以菩薩身心。與諸眾生。無有二相。故菩薩之三昧。即眾生之業用。眾生之悲仰。即菩薩之悲仰也。故於菩薩身心之中。令諸眾生獲十四種無畏功德。殆非有彼此而加之使然也。

一者。由我不自觀音。以觀觀者。令彼十方苦惱衆生。觀其音聲。即得解脫。

議曰。由菩薩不自觀音。但觀聞性。根塵頓脫。故令苦惱眾生。觀自稱菩薩之音聲。即脫其苦也。觀菩薩音聲者。如眾苦逼急。忽稱菩薩名號一聲。即此一聲。稱性而發。全體現前。則苦不期脫而自脫矣。如人疾苦必呼父母。或呼天而苦即易忍。類此可知。

二者。知見旋復。令諸衆生。設入大火。火不能燒。三者。觀聽旋復。令諸衆生。大水所漂。水不能溺。

議曰。知見耀而若火。聞聽沸而若水。始由四大分湛。今自既旋復一元。則了無塵相。故令眾生水火不能害也。

四者。斷滅妄想。心無殺害。令諸衆生。入諸鬼國。鬼不能害。

議曰。妄想如鬼物。所以戕害法身而傷慧命者。今自既斷除。故令衆生鬼不能害也。

五者。熏聞成聞。六根銷復。同於聲聽。能令衆生。臨當被害。刀段段壞。使其兵戈。猶如割水。亦如吹光。性無搖動。

議曰。以三昧力熏妄聞以成真聞。則六根銷復。無有形礙。殺害為其有身。今銷形同聲。無塵可對。既無塵可對。則了無可觸。以心水湛淵。慧光圓滿。故能令刀兵。如割水吹光。性無動搖矣。

六者。聞熏精明。明偏法界。則諸幽暗。性不能全。能令衆生。藥叉羅剎。鳩槃茶鬼。及毗舍遮。富單那等。雖近其傍。目不能視。

議曰。聞熏精明。慧性發光。則諸暗相永不能昏。鬼魅生於幽暗今既圓明。故令諸鬼咸受幽氣。如羅刹不能見太陽。故目不能視。

七者。音性圓銷。觀聽返入。離諸塵妄。能令衆生。禁繫枷鎖。所不能著。

議曰。諸塵繫累。六根桎梏。今既觀聽返入。離諸塵妄。故能令禁繫枷鎖所不能著。繫縛生於貪著。今既離塵。則自不著矣。

八者。滅音圓聞。徧生慈力。能令衆生。經過險路。賊不能劫。

議曰。六為賊媒。自劫家寶。劫奪生於敵對。今既滅音圓聞。則六塵頓空。平等一照。了無自他。故雖涉險而賊不能劫。

九者。熏聞離塵。色所不劫。能令一切多婬衆生。遠離貪欲。十者。純音無塵。根境圓融。無對所對。能令一切忿恨衆生。離諸瞋恚。

議曰。貪欲以緣塵愛取。瞋恚以逆境激心。今以聞熏離塵。根境皆空。既無可取。亦無可對。所以能令衆生遠離貪欲瞋恚也。

十一者。銷塵旋明。法界身心。猶如瑠璃。朗徹無礙。能令一切昏鈍性障諸阿顛迦。永離癡暗。

議曰。阿顛迦。一闡提也。此言無信根。良以癡暗覆心。故不生實信。今以聞熏三昧。銷塵復明。身心洞然。永破諸暗。故能令昏鈍性障衆生。永離癡暗也。

十二者。融形復聞。不動道場。涉入世間。不壞世界。能偏十方。

供養微塵諸佛如來。各各佛邊爲法王子。能令法界無子衆生。欲求男者。誕生福德智慧之男。

議曰。男子有幹事之能。融形復聞。故形隨聞性。周徧法界。由涉入世間。則能一身為無量身。供佛則表其能事。為法王子則克紹家業。以供佛故福德具足。以三昧故智慧圓滿。由此故令無子眾生。即得福德智慧之男也宜矣。

十三者。六根圓通。明照無二。含十方界。立大圓鏡。空如來藏。承順十方微塵如來秘密法門。受領無失。能令法界無子衆生。欲求女者。誕生端正福德柔順。衆人愛敬有相之女。

議曰。女有柔順之德。六根圓通。性無違逆。隨順之至也。立大圓鏡。

空如來藏。虛受之至也。故微塵如來。秘密法門。皆能受領。女德之象也。故令求女衆生。誕生端正柔順之女也。

十四者。此三千大千世界。百億日月。現住世間諸法王子。有六十二恆河沙數。修法垂範。教化衆生。隨順衆生方便智慧。各各不同。由我所得圓通本根。發妙耳門。然後身心微妙含容。周徧法界。能令衆生持我名號。與彼共持六十二恆河沙諸法王子。二人福德。正等無異。世尊。我一名號。與彼衆多名號無異。由我修習。得眞圓通。

議曰。六十二恆河沙數諸法王子。以權實二智。教化衆生。雖各各不同。然皆不離法界海慧。今既得圓通本根。則身心微妙。周徧法界。即可以一身為無量身。又豈可以名數限量哉。全體既彰。則一多互融。所以能令持一名號。與彼眾多無異。而所求福德。亦無有異也。由我修習得真圓通。結成所以也。

是名十四施無畏力。福備眾生。

議曰。此結名也。

◎三妙契涅槃能四不思議分二

△初總示

世尊。我又獲是圓通。修證無上道故。又能善獲四不思議無作妙德。

議曰。由妙契涅槃。故得四不思議。此總標也。由前云一切變現不為煩惱。皆合涅槃清淨妙德。以佛神力不可思議。眾生業力不可思議。皆一心變現之妙。言思路絕。不能名狀其相也。今觀音圓證一心。故諸佛全體業用自在。隨機適時。不可以類推。心不可思言不能議。是謂無作妙德也。

︽二別示分四 ◎ 初現眾多妙容

一者。由我初獲妙妙聞心。心精遺聞。見聞覺知。不能分隔。成一圓融清淨寶覺。故我能現眾多妙容。能說無邊秘密神呪。其中或現一首三首。五首七首。九首十一首。如是乃至一百八首。千首萬首。八萬四千爍迦羅首。二臂四臂。六臂八臂。十臂十二臂。十四十六。十八二十。至二十四。如是乃至一百八臂。千臂。萬臂。八萬四千母陀羅臂。二目。三目。四目。九目。如是乃至一百八目。千目。萬目。八萬四千清淨寶目。或慈或威。或定。或慧。救護衆生。得大自在。

議曰。此別明現容說呪不可思議也。根境雙融曰妙。體絕稱謂曰妙妙。以脫粘遺聞。故六用不隔。純一圓明清淨寶覺。此德本已立。則大用無方。故能現衆多妙容。能說無邊神呪也。首。出於衆物。手。有提接之功。目。有照明之德。以衆生迷本妙明。而為八萬四千塵勞煩惱。故衆生業力不可思議。今圓證一心。故轉業力而為妙用。故首出於羣相。手應接無方。目照明無礙。此所以一切變現不為煩惱。皆合涅槃清淨妙德。故神力不可思議也。通身手眼。毛孔光明。齊觀並挈調伏眾生。應攝應折。故曰或慈或威。或以定動。或以智拔。故曰或定或慧。所以得大自在也。

◎二現眾多妙形

二者。由我聞思。脫出六塵。如聲度垣。不能為礙。故我妙能現一一形。誦一一呪。其形其呪。能以無畏施諸眾生。是故十方微塵國土。皆名我為施無畏者。

議曰。眾生六塵隔礙。動必有苦。故多畏。菩薩以聞思三昧之力。六塵既脫。無復障礙。則身能妙現多形。心能妙誦多呪。以形攝受。以呪加持。故能令眾生得離怖畏。以此身心妙應無方。故微塵國土。皆以施無畏者稱之也。

◎三能過化存神

三者。由我修習本妙圓通清淨本根。所遊世界。皆令衆生捨身珍寶。求我哀愍。

議曰。菩薩以三昧力。永離諸愛。故能令衆生捨身珍寶。而求哀愍也。

◎四能感而遂通

四者。我得佛心。證於究竟。能以珍寶種種供養十方如來。傍及法界六道衆生。求妻得妻。求子得子。求三昧得三昧。求長壽得長壽。如是乃至求大涅槃。得大涅槃。

議曰。由以三昧力。已得佛心究竟平等。故能以無限法施迴向。是以種種珍寶供十方佛。傍及六道一切眾生。而世出世間。凡有所求。無不獲益也。

◎四結指定名

佛問圓通。我從耳門圓照三昧。緣心自在。因入流相得三摩提。成就菩提。斯爲第一。

議曰。此結屬觀門也。耳門圓根。從聞思修。故名圓照三昧。法界一緣。故心自在。始從逆流。終成大定。故因入流相得三摩提。此為第一也。

◎五述名由實立

世尊。彼佛如來。歎我善得圓通法門。於大會中。授記我爲觀

世音號。由我觀聽。十方圓明。故觀音名。徧十方界。

議曰。所師之佛名觀世音。授以如幻聞熏聞修金剛三昧。故得如上無量功德。是以果覺為因心也。今蒙授記為觀世音者。謂因果一如。始終無二也。觀聽圓明。則微塵普照。故心徧而名亦徧。如日月照臨之地。而人皆知為日月也。故名徧十方。良以清淨圓明寶覺真心。眾生本具。但由無明暗蔽。根塵妄隔。愛取牽纏。所以常在生死而不能超出者。此自心取自心之過也。今依圓通本根。聞熏聞修金剛三昧。則稱性法界。圓照十方。根塵識心。應時消落。法界大用。一念現前。故三十二應。十四無畏。四不思議等。微妙功德。猶是以限量心。知其少分耳。其實全體顯現。安可以數量求之哉。

己上從憍陳那至此各述初心方便竟

△二主伴齊證

爾時世尊。於師子座。從其五體同放寶光。遠灌十方微塵如來。及法王子諸菩薩頂。彼諸如來。亦於五體同放寶光。從微塵方。來灌佛頂。并灌會中諸大菩薩。及阿羅漢。林木池沼。皆演法音。交光相羅。如寶絲網。是諸大衆。得未曾有。一切普獲金剛三昧。即時天雨百寶蓮華。青黃赤白。間錯紛糅。十方虛空。成七寶色。此娑婆界。大地山河。俱時不現。唯見十方微塵國土。合成一界。梵唄詠歌。自然敷奏。

議曰。此如來圓證諸聖圓通也。二十五聖各證法門。獨耳根最勝。

以性圓周徧。體叶真心。根塵妄隔。性自圓通。四大壅閼。一真無礙。為諸佛入理之門。實眾生歸源之路。所以觀音自陳所證功德難思。堪任此界當機最初方便。故諸佛主伴齊證。依正光網交羅。此極盡一心之源。普徧微塵世界。通身吐露。徹底掀翻。故世尊五體同放寶光。遠灌十方微塵諸佛菩薩。而彼諸聖。亦同放寶光。來灌佛及諸大眾頂也。且林木池沼皆演法音。交光相羅如寶絲網者。正表自他不二。依正互融。有情無情。齊成佛道。所以是諸大眾。一切普獲金剛三昧。此則消習漏於剎那。廓眾塵於一念。萬行備於性天。寶覺圓於實際。故天雨百寶蓮華。虛空成七寶色。淨穢情亡。故娑婆隱而不現。根塵消復。故十方合成一界。至此。則林木池沼皆演圓音。風動水流通成法喜。故梵唄詠歌。自然敷奏。同為證成。

共宣法利。真實圓通。其驗如此。

∧ 三勅文殊揀選智證分二

◎ 初如來特命

於是如來。告文殊師利法王子。汝今觀此二十五無學諸大菩薩。及阿羅漢。各說最初成道方便。皆言修習眞實圓通。彼等修行。實無優劣。前後差別。我今欲令阿難開悟。二十五行。誰當其根。兼我滅後。此界衆生。入菩薩乘。求無上道。何方便門。得易成就。

◎ 二文殊奉勅分二 ⚇ 初三業請加

文殊師利法王子。奉佛慈旨。即從座起。頂禮佛足。承佛威神。說偈對佛。

議曰。此佛勅文殊揀選圓通也。言彼等修行實無優劣者。以三乘等觀性空而得道也。但心有大小為差耳。既云實無優劣。則門門皆可還源矣。但剋合此方之機。令其順而易入。故須揀選。非大智不能具揀法眼。故特勅文殊也。

□ 二正陳偈頌分十二

△ 初半偈顯一心真源

覺海性澄圓。圓澄覺元妙。

△ 二偈半顯依真起妄

元明照生所。所立照性亡。迷妄有虛空。依空立世界。想澄成國土。知覺乃衆生。

△三偈半顯返妄歸真

空生大覺中。如海一漚發。有漏微塵國。皆依空所生。漚滅空本無。況復諸三有。

△四半偈顯歸源無二

歸元性無二。方便有多門。

△五一偈顯揀選所因

聖性無不通。順逆皆方便。初心入三昧。遲速不同倫。

議曰。文殊奉命將擇之初。先立一真法界為迷悟之本也。法界一心。廣大悉備。故譬如海普納百川也。謂此覺性本來湛寂圓通。故曰覺海性澄圓。圓湛之覺元來妙明。絕諸對待。不屬悟迷。故曰元妙。以元明體中。本有大智慧光明。徧照法界義故。唯是一真。了無能所之相。忽爾妄動。於圓明體中遂形所相。故曰圓明照生所。所妄既立。則生妄能。而元明之性失之矣。故曰所立照性亡。由無明力。覆蔽靈明之妙空。變為頑然無知之虛空。故曰迷妄有虛空。依此頑空。結成四大之幻色。故曰依空立世界。由妄澄結。而為無情之國土。色雜妄想。想相為身。故成有情之眾生。此虛空世界眾生。皆因迷妄而有。此言迷真起妄也。虛空雖是廣大。然於大覺心中。如海中之一漚耳。況依空所生之世界。豈不渺乎小哉。若漚滅則虛空本無。何況空中之國土。又何從而寄耶。故下經云。一人發真歸元。十方虛空悉皆消殞。何況空中所有國土而不振裂。故曰況復諸三有。今欲返妄歸真。固當作如是觀也。是則頓悟一心。本不假於方便。真實歸元之性。本無有二。但隨根不一。各從其便。故方便有多門耳。在於聖性。無往不通。何須揀擇。若順若逆。皆為方便。但以初心方便。若順而易入。則收功速。若逆而難入。則取效遲。故須用揀選。以便悟入也。

△六二十四偈顯揀非當機分二

※初揀三科分三

初六塵 卍 一優波尼

色想結成塵。精了不能徹。如何不明徹。於是獲圓通。

卍 二憍陳那

音聲雜語言。但伊名句味。一非含一切。云何獲圓通。

卍 三香嚴童子

香以合中知。離則元無有。不恆其所覺。云何獲圓通。

卍 四藥王藥上

味性非本然。要以味時有。其覺不恆一。云何獲圓通。

卍 五跋陀婆羅

觸以所觸明。無所不明觸。合離性非定。云何獲圓通。

卍 六摩訶迦葉

法稱爲內塵。憑塵必有所。能所非徧涉。云何獲圓通。

⁂二五根　卍一阿那律陀

見性雖洞然。明前不明後。四維虧一半。云何獲圓通。

卍二周利槃特迦

鼻息出入通。現前無交氣。支離匪涉入。云何獲圓通。

卍三憍梵鉢提

舌非入無端。因味生覺了。味亡了無有。云何獲圓通。

卍四畢陵伽婆蹉

身與所觸同。各非圓覺觀。涯量不冥會。云何獲圓通。

卍五須菩提

知根雜亂思。湛了終無見。想念不可脫。云何獲圓通。

三六識 卍 一舍利

識見雜三和。詰本稱非相。自體先無定。云何獲圓通。

卍 二普賢菩薩

心聞洞十方。生於大因力。初心不能入。云何獲圓通。

卍 三孫陀羅難陀

鼻想本權機。祇令攝心住。住成心所住。云何獲圓通。

卍 四富樓那

說法弄音文。開悟先成者。名句非無漏。云何獲圓通。

卍 五優波離

持犯但束身。非身無所束。元非偏一切。云何獲圓通。

卍 六大目犍連

神通本宿因。何關法分別。念緣非離物。云何獲圓通。

※ 次揀七大分七

♣ 初地大　持地菩薩

若以地性觀。堅礙非通達。有爲非聖性。云何獲圓通。

♣ 二水大　月光童子

若以水性觀。想念非眞實。如如非覺觀。云何獲圓通。

♣ 三火大　烏芻瑟摩

若以火性觀。厭有非眞離。非初心方便。云何獲圓通。

四風大　瑠璃光法王子

若以風性觀。動寂非無對。對非無上覺。云何獲圓通。

五空大　虛空藏菩薩

若以空性觀。昏鈍先非覺。無覺異菩提。云何獲圓通。

六識大　彌勒菩薩

若以識性觀。觀識非常住。存心乃虛妄。云何獲圓通。

七見大　大勢至法王子

諸行是無常。念性元生滅。因果今殊感。云何獲圓通。

△七十二偈半的指圓通要妙分二

※初十偈半指法顯勝分二

初偈半指法

我今白世尊。佛出娑婆界。此方眞教體。清淨在音聞。欲取三摩提。實以聞中入。

議曰。此文殊揀選二十四聖。皆不堪任此方之機。何耶。若於六塵而入。六塵妄結而不一。若於五根而入。五根隔越而不通。若於六識而入。六識則生滅宛然。若於五大而入。五大則無知昏鈍。若於識大而入。識性本非常住。若於見大而入。念性元是無常。是皆不合此方之機。難入圓通本根。以此方真教體。清淨在音聞。若欲速取三摩提。實從聞中而入。即時離苦得解脫也。

次九偈顯勝分二

卍　初十句讚能修人勝

離苦得解脫。良哉觀世音。於恆沙劫中。入微塵佛國。得大自在力。無畏施衆生。妙音觀世音。梵音海潮音。救世悉安寧。出世獲常住。

議曰。此總歎觀音之德也。入微塵國得大自在。此歎三十二應也。無畏施眾生。此歎十四無畏也。從音入妙。故曰妙音。聖人無己。以物為己。故唯觀世間音聲以成己德。故曰觀世音。於音無著。故曰梵音。應不失時。故曰海潮音。以此故令世出世間。皆獲利益。故安寧常住也。

卍　次二十六句讚所入根勝分二

○初顯獨勝餘根分三　△初六句圓勝

我今啓如來。如觀音所說。譬如人靜居。十方俱擊鼓。十處一時聞。此則圓眞實。

△二八句通勝

目非觀障外。口鼻亦復然。身以合方知。心念紛無緒。隔垣聽音響。遐邇俱可聞。五根所不齊。是則通眞實。

△三八句常勝

音聲性動靜。聞中爲有無。無聲號無聞。非實聞無性。聲無旣無滅。聲有亦非生。生滅二圓離。是則常眞實。

○次結餘根不及

縱令在夢想不爲不思無。覺觀出思惟。身心不能及。

※次二偈顯迷悟因依

今此娑婆國。聲論得宣明。衆生迷本聞。循聲故流轉。阿難縱強記。不免落邪思。豈非隨所淪。旋流獲無妄。

議曰。我今下五偈半。正歎圓通之妙也。十方擊鼓。十處齊聞。了無分別彼此之相。此圓真實也。隔垣聽音響。此法性通徧。遠近皆聞。五根之所不齊。此則通真實也。音聲雖有動靜。聞性不屬有無。不因聲生。不從聲滅。遠離有無生滅。此則常真實也。以此足證二十四聖之所不及也。縱令下一偈。總歎超越身心。以身心有寤寐開合。而聞性不為夢想所昏。至若夢中尚聞杵聲。雖作他物。不是無聞。是所謂不為不思而無也。以五根發識。皆有偏行之思。不能圓照。獨耳根虛融。音聲一到。則無思無念。寂然而照。特出思惟之表。此身心之所不能及也。今此下二偈。正顯克合此方之機。以諸佛國土說法不同。非獨語言。以娑婆世界眾生耳根最利。但以聲論宣明道理。非耳不能了達。以聞性即本圓法性。由眾生迷本有之聞性。故流轉於生死。縱阿難之強記多聞。以不達聞性。亦不免落於邪思。是知此界耳根關係甚重。豈不是隨音聲則淪生死。旋聞機則獲真常無妄哉。是以獨選耳根為妙也。

◎八十七句結法勸修分三

※初五句結指定門

阿難汝諦聽。我承佛威力。宣說金剛王。如幻不思議。佛母眞三昧。

※二四句責多聞無益

汝聞微塵佛。一切祕密門。欲漏不先除。畜聞成過誤。

※三八句勸真修有功分四

初正勸修

將聞持佛佛。何不自聞聞。

二聞非妙悟

聞非自然生。因聲有名字。

三妙悟絕言

旋聞與聲脫。能脫欲誰名。

四離言頓證

一根既返源。六根成解脫。

議曰。此結法勸修以顯法勝也。阿難下五句。結法也。汝聞下一偈。顯多聞無益。將聞二句。勸修也。諸佛由此三昧而出。故曰佛母。諸佛言教。文字般若。即法身所在。法亦名佛。故曰持佛佛。謂雖能持他佛之法。如人數他寶。自無半錢分。故不若返照自己聞性。以成真實三昧。即可頓證菩提也。聞非下六句。顯妄不是真。謂逐聲塵之聞根。非自然生。要因聲顯。特妄聞之名字耳。若旋其妄聞而脫聲塵。則能脫者當誰名耶。此所以一根既返源。六塵成解脫也。

九七偈半正示觀相分三

※初正示三觀涉入分三

初四句從假入空

見聞如幻翳。三界若空華。聞復翳根除。塵消覺圓淨。

二六句從空入假

淨極光通達。寂照含虛空。卻來觀世間。猶如夢中事。摩登伽在夢。誰能留汝形。

三十三句從空假入中分二　卍初喻明

如世巧幻師。幻作諸男女。雖見諸根動。要以一機抽。息機歸寂然。諸幻成無性。

卍二法合

六根亦如是。元依一精明。分成六和合。一處成休復。六用皆不成。塵垢應念消。成圓明淨妙。

※二二句明觀淺深

餘塵尚諸學。明極即如來。

議曰。此二十五句。依耳根圓示三觀之相也。見聞下一偈。顯從假入空觀。舉見聞。則該知覺。總示六根虛妄。猶如幻翳。通觀三界。總若空華。但於聞性旋復。則六根併除。六塵亦消。而本有覺性自然圓淨矣。此由觀假以入空也。淨極下一偈半。顯從空入假觀也。若諸塵淨極。則心光獨露。通達無礙。寂而常照。包含虛空。自性圓明。回觀世間如夢中事耳。若以此觀安心。則摩登伽亦在夢中。誰能畱汝形骸耶。此由空以涉假也。如世巧幻師下十五句。顯從先假次空以入中道觀也。初一偈半設喻。機喻識性。若息機寂然。則諸幻無性。幻事亦不成矣。下七句法合。六根亦如幻事耳。元依一精明之識體。分成六用之和合。若一處休復。則六用不成。一破根本無明。則根塵識三。皆是真心之塵垢。則應念消亡。而向之無明昏昧之識體。轉成圓明淨妙之德矣。是則不墮空假。而頓證一心中道矣。耳根三昧。妙絕於斯。豈可不亟圖修習哉。餘塵下二句。明觀淺深。若餘塵未淨。尚在學位。若妙心明極。則成如來。是所謂去泥純水。名為永斷根本無明。故徑登佛地也。

※三五句示解結之方

大衆及阿難。旋汝倒聞機。反聞聞自性。性成無上道。圓通實如是。

◎十兩偈半例結同證

此是微塵佛。一路涅槃門。過去諸如來。斯門已成就。現在諸菩薩。今各入圓明。未來修學人。當依如是法。我亦從中證。非惟觀世音。

議曰。此十五句總結觀行。以顯因果同證也。大衆下五句。正結觀行。謂此耳根圓通。並無別法。但旋汝等倒妄之聞機。返聞自己之聞性。若聞性圓明。則頓成無上道矣。最為簡要。又何別求佛法哉。圓通真實如是而已。此是下十句。顯同證。此是十方諸佛一路涅槃門也。過去已成之佛。皆由斯門成就。即現在菩薩各入圓明。未來修行當依此法。文殊自謂我亦從中證。不但觀世音。以此親證法門。足證真實無妄也。

△十一四偈報命請加分二

※初十一句報命

誠如佛世尊。詢我諸方便。以救諸末劫。求出世間人。成就涅槃心。觀世音為最。自餘諸方便。皆是佛威神。即事捨塵勞。非是長修學。淺深同說法。

※次五句請加

頂禮如來藏。無漏不思議。願加被未來。於此門無惑。方便易成就。

◎十二五句的授當機

堪以教阿難。及末劫沉淪。但以此根修。圓通超餘者。眞實心如是。

議曰。此報命請加以的授當機也。誠如佛世尊下十一句。報命也。謂誠如世尊詢問。我擇諸方便門。若易成就涅槃心。無過觀音耳根為最也。其餘諸方便門。雖云實無優劣。於我揆之。皆是仗佛之威神。令其即事以捨塵勞。非是可以通長修學。淺深同說一貫之法也。頂禮下五句。請加也。然請加宜獨請佛。今頂禮如來藏。乃指法也。以如來藏。乃三德秘藏。三身圓證。三寶圓具。一體無礙。云不思議。故但禮其法。而三身三寶具焉。所以願被未來。於此耳門分明無惑。唯此方便最易成就。故末後的授當機。此可以教阿難。及末劫眾生。但依此根修。則圓通實超餘者。真實心要。如此而已。是以自誓不妄也。

上勅文殊揀選圓通竟

△三當機領悟

於是阿難及諸大眾。身心了然。得大開示。觀佛菩提及大涅槃。猶如有人。因事遠遊。未得歸還。明了其家所歸道路。

△四法會獲益

普會大眾。天龍八部。有學二乘。及諸一切新發心菩薩。其數凡有十恆河沙。皆得本心。遠塵離垢。獲法眼淨。性比丘尼。聞說偈已。成阿羅漢。無量衆生。皆發無等等阿耨多羅三藐三菩提心。

議曰。此法會獲益也。阿難所問諸佛成道最初方便。佛示之曰。十方薄伽梵。一路涅槃門。又曰。菩提涅槃。尚在遙遠。故聞圓通本根。身心了然。故於菩提涅槃。如人遠遊。雖未歸還。已知歸家道路。則自信決定無疑矣。普會大衆。皆得本心。獲法眼淨。性比丘尼。得阿羅漢果。其餘衆生皆發菩提心者。由聞說圓通本根之利益也。從前請入華屋以來至此通示妙圓自利理行竟

◇ 二示利他妙圓事行分二

◇ 初當機陳請分三

△ 初自利功圓

阿難整衣服。於大衆中。合掌頂禮。心迹圓明。悲欣交集。欲益未來諸衆生故。稽首白佛。大悲世尊。我今已悟成佛法門。是中修行。得無疑惑。

△ 二陳利他願廣

常聞如來說如是言。自未得度。先度人者。菩薩發心。自覺已圓。能覺他者。如來應世。我雖未度。願度末劫一切衆生。

△ 三陳利他所為分二

◎ 初為邪道亂真

世尊。此諸衆生。去佛漸遠。邪師說法。如恆河沙。

◎ 二為催邪顯正分二

∧ 初問攝心軌則

欲攝其心。入三摩地。

△二問安立道場

云何令其安立道場。遠諸魔事。於菩提心。得無退屈。

◎二世尊許說分二　△初讚許誡聽

爾時世尊。於大衆中。稱讚阿難。善哉善哉。如汝所問安立道場。救護衆生末劫沈溺。汝今諦聽。當爲汝說。阿難大衆。唯然奉教。

議曰。此問利他行也。心所。乃心行處。謂之心迹。向以無明暗覆。故為所使。今聞開示生滅頭數。了然自見。故曰圓明。已知衆生同體。故自末度。先願度人。故為利他行也。懸知末世邪師說法。趣菩提者。難以得正熏修。不知如何為攝心軌則。如何安立道場。遠諸魔事也。此先答攝心軌則。以三無漏學。為修行之本。

◬ 次許說分際分二　◎ 初答攝心軌則分二

△ 初總示三無漏學為修行之本

佛告阿難。汝常聞我毗奈耶中。宣說修行三決定義。所謂攝心爲戒。因戒生定。因定發慧。是則名爲三無漏學。

議曰。此略標三決定義。為修行之本也。毗奈耶。云律。謂欲修定慧。必以戒為基本。故曰攝心為戒。則定慧由之而生也。意以戒為重。故定已說。此特宣戒。故下令持四根本戒。制斷發業潤生二種無明。

△二別示三聚戒為成佛之基分四

◎初略出戒體

阿難。云何攝心。我名爲戒。

◎二正示修相分五

▣初令持四根本戒制斷發業無明分四

△一不婬戒分六　※初通顯能持利益

若諸世界。六道衆生。其心不婬。則不隨其生死相續。

※二顯不持過誤

汝修三昧。本出塵勞。婬心不除。塵不可出。縱有多智。禪定現前。如不斷婬。必落魔道。上品魔王。中品魔民。下品魔女。彼等

諸魔。亦有徒衆。各各自謂成無上道。我滅度後。末法之中多此魔民。熾盛世間。廣行貪婬。爲善知識。令諸衆生落愛見坑。失菩提路。

※　三令依教當持

汝教世人修三摩地。先斷心婬。是名如來先佛世尊第一決定清淨明誨。

※　四顯持犯得失

是故阿難。若不斷婬修禪定者。如蒸砂石。欲其成飯。經百千劫。祇名熱砂。何以故。此非飯本。砂石成故。汝以婬身求佛妙果。縱得妙悟。皆是婬根。根本成婬。輪轉三塗。必不能出。如來涅槃。何路修證。

※五以必斷為真

必使婬機身心俱斷。斷性亦無。於佛菩提。斯可希冀。

※六以實相印定

如我此說。名爲佛說。不如此說。即波旬說。

議曰。此示修三無漏學。以戒為本。而以婬戒為首也。戒有多品。以四重為先。梵網諸本。皆以不殺為首。此經獨以斷婬為首者。彼約利生。以佛性種子而觀眾生。故首斷殺。此示真修。以婬欲為生死根本。故先斷婬。故曰其心不婬。則不隨其生死相續。梵網經說。盧舍那佛。坐千華臺。一葉一釋迦。奉舍那勅。以心地法門金剛寶戒。

宣傳於十方世界。若人受佛戒。則登諸佛位。是知釋迦出世說法四十九年。但傳舍那所說金剛寶戒而已。以此經統收一代時教修證理行因果。首楞嚴大定。乃成佛真因。以戒為本。戒心清淨。即入佛位。故此經云。其心不婬。則不隨其生死相續。前云。眾生相續欲貪為本。故今願出生死。必以斷婬為第一也。修禪之人。若不斷婬。如以甘露灌溉毒樹。灌溉益深。而毒氣愈盛。所以必落魔道也。蒸砂作飯。終竟不成。以非飯本也。以婬心而求佛妙果。縱得妙悟皆滋婬根。生死轉劇。何以得出三塗。登涅槃之路哉。斯之一法。先執身不行。次執心不起。故曰必使婬機身心永斷。如此可以冀佛菩提。苟不痛心刻骨。必成魔說矣。

△二不殺戒分六　※初通顯能持利益

阿難。又諸世界六道衆生。其心不殺。則不隨其生死相續。

※二顯不持過誤

汝修三昧。本出塵勞。殺心不除。塵不可出。縱有多智。禪定現前。如不斷殺。必落神道。上品之人。爲大力鬼。中品則爲飛行夜叉。諸鬼帥等。下品當爲地行羅刹。彼諸鬼神。亦有徒衆。各各自謂成無上道。我滅度後。末法之中。多此鬼神。熾盛世間。自言食肉得菩提路。阿難。我令比丘食五淨肉。此肉皆我神力化生。本無命根。汝婆羅門。地多蒸溼。加以砂石。草菜不生。我以大悲神力所加。因大慈悲。假名爲肉。汝得其味。奈何如來滅度之後。食衆生肉。名爲釋子。汝等當知是食肉人。縱得心開。似三摩地。皆大羅刹。報終必沈生死苦海。非佛弟子。如是之人。相殺相吞。相食未已。云何是人。得出三界。

※三令依教當持

汝教世人修三摩地。次斷殺生。是名如來先佛世尊第二決定清淨明誨。

※四顯持犯得失

是故阿難。若不斷殺。修禪定者。譬如有人自塞其耳。高聲大叫。求人不聞。此等名爲欲隱彌露。清淨比丘及諸菩薩。於岐路行。不蹋生草。況以手拔。云何大悲。取諸衆生血肉充食。若諸比丘。不服東方絲緜絹帛。及是此土靴履裘毳。乳酪醍醐。如是比丘。於世眞脫。酬還宿債。不遊三界。何以故。服其身分。皆爲彼緣。如人食其地中百穀。足不離地。

※五以必斷為真

必使身心。於諸衆生。若身身分。身心二塗。不服不食。我說是人。眞解脫者。

※六以實相印定

如我此說。名爲佛說。不如此說。即波旬說。

議曰。此第二誡決定不殺戒也。修禪若不斷殺。必墮鬼神羅剎之類。以此類專恣殺業。今以殺習感召故也。律部佛許比丘食五淨肉。謂自死。鳥殘。不見殺。不聞殺。不為己殺。皆得食之。嗣後比丘皆恣鮮美。自殺而食。佛遂制止。況五淨肉。皆神力所化。本無命根。食之猶可。今則真食血肉。豈慈悲者哉。羅剎飛行而食生物者。言其殺心熾盛也。殺生冤債相牽。云何欲出生死耶。是故修禪必以斷殺為本也。服其身分。恐為彼緣。況食肉乎。必使身心二塗。不服不食。是人名為真解脫者。不如此說。即波旬說也。

◎ 三不偷戒分六 ※ 初通顯能持利益

阿難。又復世界六道眾生。其心不偷。則不隨其生死相續。

※ 二顯不持過誤

汝修三昧。本出塵勞。偷心不除。塵不可出。縱有多智。禪定現前。如不斷偷。必落邪道。上品精靈。中品妖魅。下品邪人。諸魅所著。彼等羣邪。亦有徒衆。各各自謂成無上道。我滅度後。末法之中。多此妖邪。熾盛世間。潛匿姦欺。內心稱善知識。外貌詐現有德各自謂已得上人法。詃惑無識。恐令失心。所過之處。其家耗散。我教比丘。循方乞食。令其捨貪。成菩提道。諸比丘等。不自熟食。寄於殘生。旅泊三界。示一往還。去已無返。云何賊人。假我衣服。裨販如來。造種種業。皆言佛法。卻非出家具戒比丘。爲小乘道。由是疑誤無量衆生。墮無間獄。若我滅後。其有比丘。發心決定修三摩提。能於如來形像之前。身然一燈。燒一指節。及於身上爇一香炷。我說是人無始宿債。一時酬畢。長揖世間。永脫諸漏。雖未即明無上覺路。是人於法。已決定心。若不爲此捨身微因。縱成無爲。必還生人。酬其宿債。如我馬麥。正等無異。

※三令依教當持

汝教世人修三摩地。後斷偷盜。是名如來先佛世尊。第三決定清淨明誨。

※四顯持犯得失

是故阿難。若不斷偷。修禪定者。譬如有人。水灌漏巵。欲求其滿。縱經塵劫。終無平復。若諸比丘。衣鉢之餘。分寸不畜。乞食餘分。施餓衆生。於大集會。合掌禮衆。有人捶詈。同於稱讚。

※五以必斷為真

必使身心二俱捐捨。身肉骨血。與衆生共。不將如來不了義說。迴爲已解。以誤初學。佛印是人。得眞三昧。

※六以實相印定

如我所說。名爲佛說。不如此說。即波旬說。

議曰。此第三誡決定不偷戒也。此偷非偷盜之偷。乃偷心也。謂貪求施利。潛匿姦欺。詐現有德。稱善知識。多取資具。誑惑而取。與盜竊等。而酬償亦等。故教比丘循方如法乞食。令捨貪也。蓋以不達五蘊虛假。故多取資財。以養身命。本無道德。假佛形服。所謂裨販如來。信心難消。必償宿債。是故生死不能出離。佛教比丘然燈。

然指。捨正報之身。酬身外之負。蓋以微因而償多欠也。佛於毗蘭邑王馬廐。食馬麥三月。以先世訴罵比丘為食馬麥者。故償此報。以一惡言。尚必酬之。況多貪乎。此必難逃其負也。前業果相續。乃強取眾生之血肉。起於殺貪。此乃妄取眾生之資財。起於盜貪。故通名偷盜。以滋生死之業果一也。若不斷偷。以定水而灌破戒漏巵。終無益也。衣鉢之餘。分寸不畜。乞食之餘。施餓眾生。不貪之至也。以捶詈而同稱讚。無我之至也。心不起瞋。身不加報。是為身心二俱捐捨。且觀己身血肉與眾生共。平等無二。況身外之長物乎。非得真三昧者不能也。反此。即為波旬說矣。

◬ 四不妄語戒分六　※ 初通顯能持利益

阿難。如是世界六道衆生。雖則身心無殺盜婬。三行已圓。

※二顯不持過誤

若大妄語。即三摩地不得清淨。成愛見魔。失如來種。所謂未得謂得。未證言證。或求世間尊勝第一。謂前人言。我今已得須陀洹果。斯陀含果。阿那含果。阿羅漢道。辟支佛乘。十地地前諸位菩薩。求彼禮懺。貪其供養。是一顛迦。銷滅佛種。如人以刀斷多羅木。佛記是人。永殞善根。無復知見。沈三苦海。不成三昧。我滅度後。勅諸菩薩及阿羅漢。應身生彼末法之中。作種種形。度諸輪轉。或作沙門白衣居士。人王宰官。童男童女。如是乃至婬女寡婦。姦偷屠販。與其同事。稱讚佛乘。令其身心。入三摩地。終不自言我眞菩薩。眞阿羅漢。洩佛密因。輕言末學。唯除命終。陰有遺付。云何是人。惑亂衆生。成大妄語。

※三令依教當持

汝教世人修三摩地。後復斷除諸大妄語。是名如來先佛世尊。第四決定清淨明誨。

※四顯持犯得失

是故阿難。若不斷其大妄語者。如刻人糞爲栴檀形。欲求香氣。無有是處。我教比丘直心道場。於四威儀。一切行中。尚無虛假。云何自稱得上人法。譬如窮人妄號帝王。自取誅滅。況復法王。如何妄竊。因地不眞。果招紆曲。求佛菩提。如噬臍人。欲誰成就。

※五以必斷為真

若諸比丘。心如直弦。一切眞實。入三摩地。永無魔事。我印是人。成就菩薩無上知覺。

※六以實相印定

如我所說。名爲佛說。不如此說。即波旬說。

議曰。此第四誡決定不妄語戒也。此妄語業。由貪癡慢起。以貪求世人名聞利養。故造大妄語。謂未得謂得。未證言證。自言得三乘聖果。此由愚癡起增上慢。故為愛見魔也。一顛迦。即斷善根者。此輩銷滅佛種。沉三苦海。不成三昧。蓋佛以四攝法。現同類身。教化眾生。非貪供養也。若是真聖。亦不自洩。違佛密因。除臨終時。陰有所付。云何是人。以大妄語。惑亂眾生耶。故教世人修禪定者。必斷妄語。乃可得入三摩地也。刻人糞為栴檀。祇增其臭穢耳。直心者。心不欺也。自無實德。妄稱得上人法。此欺心之至也。噬臍言終不相及也。心如弦直。則永無諸委曲相。是為入道之本也。故永無魔事。佛所印許。違越誠言。則波旬說矣。梵網戒品。十重四十八輕。普攝一切。名為性戒。是以佛性種子。等觀一切。此經以真修務斷生死根本。以婬殺盜妄是為性業。故首斷此四。為根本戒。若能持此四戒。則一切枝末。永不現行。是知此四。已攝梵網諸品。而三聚五篇盡在是矣。

前令持四根本戒制斷發業潤生二種無明竟

大佛頂如來密因修證了義諸菩薩萬行首楞嚴經通議卷第六

大佛頂如來密因修證了義諸菩薩萬行首楞嚴經通議卷第七

唐天竺沙門般刺密帝譯
烏萇國沙門彌伽釋迦譯語
菩薩戒弟子清河房融筆受
明南嶽沙門憨山釋德清述

二令持祕密神呪熏斷俱生習氣分二

初明現行易制

阿難。汝問攝心。我今先說入三摩地。修學妙門。求菩薩道。要先持此四種律儀。皎如冰霜。自不能生一切枝葉。心三口四。

生必無因。阿難。如是四事。若不遺失。心尚不緣色香味觸。一切魔事。云何發生。

◎二明宿習難除分三　※初教誦呪

若有宿習。不能滅除。汝教是人。一心誦我佛頂光明摩訶薩怛多般怛羅。無上神呪。

※二顯呪妙

斯是如來無見頂相。無爲心佛。從頂發輝。坐寶蓮華。所說心呪。

※三顯呪力

且汝宿世與摩登伽。歷劫因緣。恩愛習氣。非是一生及與一劫。我一宣揚。愛心永脫。成阿羅漢。彼尚婬女。無心修行。神力冥資。速證無學。云何汝等在會聲聞。求最上乘。決定成佛。譬如以塵揚於順風。有何艱險。

三令依清淨戒師深防邪誤

若有末世。欲坐道場。先持比丘清淨禁戒。要當選擇戒清淨者。第一沙門。以爲其師。若其不遇眞清淨僧。汝戒律儀。必不成就。

四令擇阿蘭若處止絕外緣

戒成以後。著新淨衣。然香閒居。誦此心佛所說神呪。一百八徧。然後結界。建立道場。

⧊ 五請佛冥加冀觀行易就

求於十方現住國土無上如來。放大悲光。來灌其頂。

上示修相乃前四根本戒

◎ 三刻期修證

阿難。如是末世。清淨比丘。若比丘尼。白衣檀越。心滅貪婬。持佛淨戒。於道場中。發菩薩願。出入澡浴。六時行道。如是不寐。經三七日。

◎ 四感應冥符

我自現身。至其人前。摩頂安慰。令其開悟。

議曰。此明現行易制。宿習難除。將為建立壇場發啟也。前說四重律儀。乃制現行之軌則。以四重為根本戒。故能持此四種。皎如冰霜。則一切枝葉自然不生。即三業六根。永絕發業之因矣。一切魔事。由著塵境而生。心尚不緣六塵。則一切魔事何從而發耶。此現行猶易制也。唯有多生宿習。最為難除。如器盛穢物。雖去穢物而穢習尚存。必須洗滌之功。以無量劫來婬殺盜妄習氣種子。染於藏識之中。極為深潛固密。即觀照之力自不能攻。必假佛心印祕密神呪之力。冀可熏斷。如請上方之劍以討賊耳。故曰。若有宿習不能滅除。汝教是人一心誦我無上神呪。此呪乃無為心佛所說。所謂秘密心印。非尋常比也。且摩登歷劫恩愛習氣。一聞此呪。愛心永脫。成阿羅漢。彼尚婬女。無心修行。其效如此。況汝有決定成佛之志者乎。欲成就誦呪之功。須坐道場。理宜深防邪誤。必須第一清淨禁戒比丘以為其師。是為勝侶。先使戒根成就。然後然香閒居。誦此心呪。加持結界。乃可建立道場。更要請十方佛放光加被。方使祕呪易成耳。故末世行人戒清淨者。坐道場中。六時行道。經三七日。我自現身摩頂。令其開悟。是所謂攝心軌則也。

上答攝心軌則竟

∧二問安立道場分二

◎初當機重請道場軌則

阿難白佛言。世尊。我蒙如來無上悲誨。心已開悟。自知修證無學道成。末法修行。建立道場。云何結界。合佛世尊清淨軌

則。

議曰。此問道場結界軌則也。入道第一要身心平等。次要心境一如。以造業因。境為助緣。而真修亦然。故須問軌則也。

◎二世尊詳示修治法式分二

初詳答分十 一塗地法式

佛告阿難。若末世人。願立道場。先取雪山大力白牛。食其山中肥膩香草。此牛唯飲雪山清水。其糞微細。可取其糞。和合栴檀。以泥其地。若非雪山。其牛臭穢。不堪塗地。別於平原。穿去地皮。五尺以下。取其黃土。和上栴檀。沈水。蘇合。薰陸。鬱金。白膠。青木。零陵。甘松。及雞舌香。以此十種。細羅為粉。

合土成泥。以塗場地。

議曰。此塗地法式也。雪山純一無雜。白牛無染。香草純味。清水純潔。而茹退亦純。栴檀其樹無影。通表清淨法身功德也。意顯道場依法身建立也。去地五尺。取其黃土。黃乃中色。和十種香。謂由法身中道。調和十波羅密而為行耳。故曰以塗場地。

◎二立壇法式

方圓丈六。爲八角壇。壇心置一金銀銅木所造蓮華。華中安鉢。鉢中先盛八月露水。水中隨安所有華葉。取八圓鏡。各安其方。圍繞華鉢。鏡外建立十六蓮華。十六香鑪。間華鋪設。莊嚴香鑪。純燒沈水。無令見火。取白牛乳。置十六器。乳爲煎餅。

并諸砂糖。油餅。乳糜。蘇合。蜜薑。純酥。純蜜。於蓮華外。各各十六。圍繞華外。以奉諸佛及大菩薩。

議曰。此言立壇法式也。壇法舊解各有所表。大槩以蓮華表因心。鏡表智體。香表觀行等。其所用物。各有表顯。非特言理也。

△三供養法式

每以食時。若在中夜。取蜜半升。用酥三合。壇前別安一小火爐。以兜樓婆香。煎取香水。沐浴其炭。然令猛熾。投是酥蜜於炎爐內。燒令煙盡。享佛菩薩。

議曰。此供養法式也。諸佛菩薩本不受食。今修供養。意表妙行熏修始覺以向本覺之意。必須緣影盡淨。方乃合一。故投酥蜜燒令煙盡也。

△四設像法式

令其四外。徧懸旛華。於壇室中。四壁敷設十方如來及諸菩薩。所有形像。應於當陽。張盧舍那。釋迦。彌勒。阿閦。彌陀。諸大變化觀音形像。兼金剛藏。安其左右。帝釋梵王。烏芻瑟摩。(火頭金剛)并藍地迦。(青面金剛)諸軍茶利。(三目金剛)與毗俱胝。(持鬢髻金剛)四天王等。頻那(豬頭)夜迦。(象鼻)張於門側。左右安置。

議曰。此設像法式也。盧舍那為法界主。餘十方佛及諸菩薩。乃其伴也。意取主伴互融。其八部皆護法眾。意取遠諸魔事耳。

△五觀行法式

又取八鏡。覆懸虛空。與壇場中所安之鏡。方面相對。使其形影。重重相涉。

議曰。此觀行法式也。壇中先安八鏡。而壇內之境。已現影於鏡中。今仍懸八鏡相對。則壇中之鏡若影。皆互相涉入。重重無盡。是所謂諸佛法身入我性。我身還共如來合。此圓融自在觀心若此。可與諸佛智體相應也。

△六行道法式分三

※初七禮拜稱名

於初七中。至誠頂禮十方如來。諸大菩薩阿羅漢號。恆於六時。誦呪圍壇。至心行道。一時常行一百八徧。

※二七專心發願

第二七中。一向專心。發菩薩願。心無間斷。我毗奈耶。先有願教。

※三七一向持呪

第三七中。於十二時。一向持佛般怛羅呪。

◎七感應道交

至第七日。十方如來。一時出現。鏡交光處。承佛摩頂。

議曰。此行道法式也。行道若無次。則心散而難攝。功行難成。從初七以至三七日內。各有所行。故身心不倦。至於第三七日。則感應道交。十方如來一時出現也。鏡交光處。乃行人心契佛心之地。故承佛摩頂以攝受也。

△八結顯功效

即於道場。修三摩地。能令如是末世修學。身心明淨。猶如瑠璃。

議曰。此顯功效也。以表裏俱淨。故身心猶如瑠璃。此所以不起道場。而令成就也。

△九使離過絕非

阿難。若此比丘本受戒師。及同會中十比丘等。其中有一不清淨者。如是道場。多不成就。

議曰。此言離過絕非也。壇中有一不清淨者。多不成就。意要永離諸過。純一無偽。乃可尅期成功耳。

△十刻期取證

從三七後。端坐安居。經一百日。有利根者。不起於座。得須陀洹。縱其身心聖果未成。決定自知成佛不謬。

二結示

汝問道場。建立如是。

議曰。此刻期取效也。由三七後。即端座安居百日之內。可證初果。當觀行成就也。雖未登聖果。業已自知決定成佛不謬矣。道場之法建立如此。此結答次問也。

前示利他妙淨事行竟

三示俱利妙嚴密行分三

◎初當機三業顯請

阿難頂禮佛足。而白佛言。自我出家。恃佛憍愛。求多聞故。未證無爲。遭彼梵天邪術所禁。心雖明了。力不自由。賴遇文殊。令我解脫。雖蒙如來佛頂神呪。冥獲其力。尚未親聞。惟願大慈。重爲宣說。悲救此會諸修行輩。末及當來在輪迴者。承佛密音。身意解脫。於時會中一切大衆。普皆作禮。佇聞如來祕密章句。

議曰。此請妙嚴密行也。顯密雙修。自他俱利。方盡真因。未說經先。佛已放光說呪。勅令文殊將呪往護。阿難尚未親聞。但冥獲其力耳。故請重說神呪。以益在會。末及未來。將為法利也。

◎二如來光相密酬分三　△初現瑞

爾時世尊。從肉髻中。涌百寶光。光中涌出千葉寶蓮。有化如來。坐寶華中。頂放十道百寶光明。一一光明。皆徧示現十恆河沙金剛密迹。擎山持杵。徧虛空界。

△二眾仰

大眾仰觀。畏愛兼抱。求佛哀祐。一心聽佛無見頂相放光如來宣說神咒。

議曰。此光相密酬也。佛三十二相。肉髻第一。從此放光。表尊勝頂法。由中道妙智所發也。光中涌蓮。表妙智勝因。蓮中化佛。表因果一契。化佛頂復放光。光中示現金剛神眾。表從果體復起妙用。殊非心識境界也。化佛說呪。表此呪乃無為心佛所說。故功力愈見殊勝耳。

△三說呪五會　第一會

南無薩怛他蘇伽多耶阿羅訶帝三藐三菩陀寫。薩怛他佛陀俱胝瑟尼釤。南無薩婆勃陀勃地薩跢鞞弊。南無薩多南三藐三菩陀俱知南。娑舍囉婆迦僧伽喃。南無盧雞阿羅漢跢喃。南無蘇盧多波那喃。南無娑羯唎陀伽彌喃。南無盧雞三藐伽跢喃。三藐伽婆囉底波多那喃。南無提婆離瑟赧。南無悉陀耶毗地耶陀囉離瑟赧。舍波奴揭囉訶娑訶娑囉摩他喃。南無跋囉訶摩泥。南無因陀囉耶。南無婆伽婆帝。嚧陀

囉耶。烏摩般帝。娑醯夜耶。南無婆伽婆帝。那囉野拏耶。槃遮
摩訶三慕陀囉。南無悉羯唎多耶。南無婆伽婆帝。摩訶迦羅
耶。地唎般剌那伽囉。毗陀囉波拏迦囉耶。阿地目帝。尸摩舍
那泥婆悉泥。摩怛唎伽拏。南無悉羯唎多耶。南無婆伽婆帝。
多他伽跢俱囉耶。南無般頭摩俱囉耶。南無跋闍羅俱囉耶。
南無摩尼俱囉耶。南無伽闍俱囉耶。南無婆伽婆帝。帝唎茶
輸囉西那。波囉訶囉拏囉闍耶。跢他伽多耶。南無婆伽婆帝。
南無阿彌多婆耶。哆他伽多耶。阿囉訶帝。三藐三菩陀耶。南
無婆伽婆帝。阿芻鞞耶。哆他伽多耶。阿囉訶帝。三藐三菩陀
耶。南無婆伽婆帝。鞞沙闍耶俱盧吠柱唎耶。般囉婆囉闍耶。

跢他伽多耶。南無婆伽婆帝。三補師毖多。薩憐捺囉剌闍耶。

跢他伽多耶。阿囉訶帝。三藐三菩陀耶。南無婆伽婆帝。舍雞

野母那曳。跢他伽多耶。阿囉訶帝。三藐三菩陀耶。南無婆伽

婆帝。剌怛那雞都囉闍耶。跢他伽多耶。阿囉訶帝。三藐三菩

陀耶。帝瓢南無薩羯唎多。翳曇婆伽婆多。薩怛他伽都瑟尼

釤。薩怛多般怛嚧。南無阿婆囉視耽。般囉帝揚岐囉。薩囉婆

部多揭羅訶。尼羯囉訶揭迦囉訶尼。跋囉毖地耶叱陀你。阿

迦囉密唎柱。般唎怛囉耶儜揭唎。薩囉婆槃陀那目叉尼。薩

囉婆突瑟吒。突悉乏般那你伐囉尼。赭都囉失帝南。羯囉訶

娑訶薩囉若闍。毗多崩娑那羯唎。阿瑟吒冰舍帝南。那叉剎

怛囉若闍。波囉薩陀那羯唎。阿瑟吒南。摩訶揭囉訶若闍。毗
多崩薩那羯唎。薩婆舍都嚧你婆囉若闍。呼藍突悉乏難遮
那舍尼。毖沙舍悉怛囉。阿吉尼烏陀迦囉若闍。阿般囉視多
具囉。摩訶般囉戰持。摩訶疊多。摩訶帝闍。摩訶稅多闍婆囉。
摩訶跋囉槃陀囉婆悉你。阿唎耶多囉。毗唎俱知。誓婆毗闍
耶。跋闍囉摩禮底。毗舍嚧多。勃騰罔迦。跋闍囉制喝那阿遮。
摩囉制婆般囉質多。跋闍囉擅持。毗舍囉遮。扇多舍鞞提婆
補視多。蘇摩嚧波。摩訶稅多。阿唎耶多囉。摩訶婆囉阿般囉。
跋闍囉商羯囉制婆。跋闍囉俱摩唎。俱藍陀唎。跋闍囉喝薩
多遮。毗地耶乾遮那摩唎迦。啒蘇母婆羯囉跢那。鞞嚧遮那

俱唎耶。夜囉菟瑟尼釤。毗折藍婆摩尼遮。跋闍囉迦那迦波

囉婆。嚧闍那跋闍囉頓稚遮。稅多遮迦摩囉。剎奢尸波囉婆。

翳帝夷帝。母陀囉羯拏。娑鞞囉懺。掘梵都。印兔那麼麼寫。

第二會

烏許。唎瑟揭拏。般剌舍悉多薩。怛他伽都瑟尼釤。虎許。都嚧

雍。瞻婆那。虎許。都盧雍。悉耽婆那。虎許。都嚧雍。波囉瑟地耶

三般叉拏羯囉。虎許。都嚧雍。薩婆藥叉喝囉剎娑。揭囉訶若

闍。毗騰崩薩那羯囉。虎許。都嚧雍。者都囉尸底南。揭囉訶娑

訶薩囉南。毗騰崩薩那囉。虎許。都嚧雍。囉叉。婆伽梵。薩怛他

伽都瑟尼釤。波囉點闍吉唎。摩訶娑訶薩囉。勃樹娑訶薩囉

室唎沙。俱知娑訶薩泥帝隸。阿弊提視婆唎多。吒吒甖迦。摩訶跋闍嚧陀囉。帝唎菩婆那。曼茶囉。烏許。莎悉帝薄婆都。麼麼。印兔那麼麼寫。

第三會

囉闍婆夜。主囉跋夜。阿祇尼婆夜。烏陀迦婆夜。毗沙婆夜。舍薩多囉婆夜。婆囉斫羯囉婆夜。突瑟叉婆夜。阿舍你婆夜。阿迦囉密唎杜婆夜。陀囉尼部彌劍波伽波陀婆夜。烏囉迦婆多婆夜。剌闍壇茶婆夜。那伽婆夜。毗條怛婆夜。蘇波囉拏婆夜。藥叉揭囉訶。囉叉私揭囉訶。畢唎多揭囉訶。毗舍遮揭囉訶。部多揭囉訶。鳩槃茶揭囉訶。補丹那揭囉訶。迦吒補丹那揭囉訶。悉乾度揭囉訶。阿播悉摩囉揭囉訶。烏檀摩陀揭囉訶。車夜揭囉訶。醯唎婆帝揭囉訶。社多訶唎南。揭婆訶唎南。嚧地囉訶唎南。忙娑訶唎南。謎陀訶唎南。摩闍訶唎南。闍多訶唎女。視比多訶唎南。毗多訶唎南。婆多訶唎南。阿輸遮訶唎女。質多訶唎女。帝釤薩鞞釤。薩婆揭囉訶南。毗陀耶闍瞋陀夜彌。雞囉夜彌。波唎跋囉者迦訖唎擔。毗陀夜闍瞋陀夜彌。雞囉夜彌。茶演尼訖唎擔。毗陀夜闍瞋陀夜彌。雞囉夜彌。摩訶般輸般怛夜。嚧陀囉訖唎擔。毗陀夜闍瞋陀夜彌。雞囉夜彌。那囉夜拏訖唎擔。毗陀夜闍瞋陀夜彌。雞囉夜彌。怛埵伽嚧茶西訖唎擔。毗陀夜闍瞋陀夜彌。雞囉夜彌。摩訶迦囉摩怛唎伽拏訖唎擔。毗陀夜闍瞋陀夜彌。雞囉夜彌。迦波唎迦訖唎擔。毗陀夜闍瞋陀夜彌。雞囉夜彌。闍耶羯囉摩度羯囉。薩婆囉他娑達那訖唎擔。毗陀夜闍瞋陀夜彌。雞囉夜彌。赭咄囉婆耆你訖唎擔。毗陀夜闍瞋陀夜彌。雞囉夜彌。毗唎羊訖唎知。難陀雞沙囉伽拏般帝。索醯夜訖唎擔。毗陀夜闍瞋陀夜彌。雞囉夜彌。那揭那舍囉婆拏訖唎擔。毗陀夜闍瞋陀夜彌。雞囉夜彌。阿羅漢訖唎擔。毗陀夜闍瞋陀夜彌。雞囉夜彌。毗多囉伽訖唎擔。毗陀夜闍瞋陀夜彌。雞囉夜彌。跋闍囉波你。具醯夜具醯夜。迦地般帝訖唎擔。毗陀夜闍瞋陀夜彌。雞囉夜彌。囉叉罔。婆伽梵。印兔那麼麼寫。

第四會

婆伽梵薩。怛多般怛囉。南無粹都帝。阿悉多那囉剌迦。波囉婆悉普吒。毗迦薩怛多鉢帝唎。什佛囉什佛囉。陀囉陀囉頻。陀囉頻陀囉瞋陀瞋陀。虎許。虎許。泮吒。泮吒泮吒泮吒。娑訶。醯醯泮。阿牟迦耶泮。阿波囉提訶多泮。婆囉波囉陀泮。阿素囉毗陀囉波迦泮。薩婆提鞞弊泮。薩婆那伽弊泮。薩婆藥叉弊泮。薩婆乾闥婆弊泮。薩婆補丹那弊泮。迦吒補丹那弊泮。薩婆突狼枳帝弊泮。薩婆突澀比犁訖瑟帝弊泮。薩婆什婆唎弊泮。薩婆阿播悉摩犁弊泮。薩婆舍囉婆那弊泮。薩婆地帝雞弊泮。薩婆怛摩陀繼弊泮。薩婆毗陀耶囉誓遮犁弊泮。闍夜揭囉摩度羯囉。薩婆羅他娑陀雞弊泮。毗地夜遮唎弊泮。者都囉縛耆你弊泮。跋闍囉俱摩唎。毗陀夜囉誓弊泮。摩訶波囉丁羊乂耆唎弊泮。跋闍囉商羯囉夜。波囉丈耆囉闍耶泮。摩訶迦囉夜。摩訶末怛唎迦拏。南無娑羯唎多夜泮。毖瑟拏婢曳泮。勃囉訶牟尼曳泮。阿耆尼曳泮。摩訶羯唎曳泮。羯囉檀遲曳泮。蔑怛唎曳泮。嘮怛唎曳泮。遮文茶曳泮。羯邏囉怛唎曳泮。迦般唎曳泮。阿地目質多迦尸摩舍那婆私你曳泮。演吉質。薩埵婆寫。麼麼印兔那麼麼寫。

第五會

突瑟吒質多。阿末怛唎質多。烏闍訶囉。伽婆訶囉。嚧地囉訶囉。婆娑訶囉。摩闍訶囉。闍多訶囉。視毖多訶囉。跋略夜訶囉。
乾陀訶囉。布史波訶囉。頗囉訶囉。婆寫訶囉。般波質多。突瑟
吒質多。嘮陀囉質多。藥叉揭囉訶。囉剎娑揭囉訶。閉隸多揭
囉訶。毗舍遮揭囉訶。部多揭囉訶。鳩槃茶揭囉訶。悉乾陀揭
囉訶。烏怛摩陀揭囉訶。車夜揭囉訶。阿播薩摩囉揭囉訶。宅
祛革茶耆尼揭囉訶。唎佛帝揭囉訶。闍彌迦揭囉訶。舍俱尼
揭囉訶。姥陀囉難地迦揭囉訶。阿藍婆揭囉訶。乾度波尼揭
囉訶。什伐囉堙迦醯迦。墜帝藥迦。怛隸帝藥迦。者突託迦。昵
提什伐囉毖釤摩什伐囉。薄底迦。鼻底迦。室隸瑟密迦。娑你
般帝迦。薩婆什伐囉。室嚧吉帝。末陀鞞達嚧制劍。阿綺嚧鉗。

目怯嚧鉗。羯唎突嚧鉗。揭囉訶揭藍。羯拏輸藍。憚多輸藍。迄
唎夜輸藍。末麼輸藍。跋唎室婆輸藍。毖栗瑟吒輸藍。烏陀囉
輸藍。羯知輸藍。跋悉帝輸藍。鄔嚧輸藍。常伽輸藍。喝悉多輸
藍。跋陀輸藍。娑房盎伽般囉丈伽輸藍。部多毖路茶。茶耆尼
什婆囉。陀突嚧迦建咄嚧吉知婆路多毗。薩般嚧訶淩伽。輸
沙怛囉娑那羯囉。毗沙喻迦。阿耆尼烏陀迦。末囉鞞囉建路
囉。阿迦囉密唎咄怛斂部迦。地栗剌吒。毖唎瑟質迦。薩婆那
俱囉。肆引伽弊揭囉唎藥叉怛囉芻。末囉視吠帝釤娑鞞釤。
悉怛多鉢怛囉。摩訶跋闍嚧瑟尼釤。摩訶般賴丈耆嚂。夜波
突陀舍喻闍那。辮怛隸拏。毗陀耶槃曇迦嚧彌。帝殊槃曇迦

嚧彌。般囉毗陀槃曇迦嚧彌。跢姪他。唵。阿那隸。毗舍提。鞞囉跋闍囉陀唎。槃陀槃陀你。跋闍囉謗尼泮。虎許都嚧甕泮。莎婆訶。

議曰。呪為祕密。五不翻之一也。義說呪如軍中之密號。但取辦事。不許明言。又云。呪乃諸神王之名字。呼其主而眾必隨之。皆有摧邪之能。如所謂金剛力士隨處護衛也。予昔居五臺。遇一梵師專持此呪。其聲極猛厲。如呵遣之狀。因問之。曰。此鬼神王名也。今呼遣非猛力不能。就中囑其所護之事。故極心力而驅遣之。乃見其效。政取不思議力。非心識可到也。

◎三廣顯神呪利益分二　△初正行成益分二

◎初如來密因分二

︿初能出生諸佛

阿難。是佛頂光聚。悉怛多般怛囉。秘密伽陀。微妙章句。出生十方一切諸佛。

︿二能為密因

十方如來。因此呪心。得成無上正偏知覺。十方如來。執此呪心。降伏諸魔。制諸外道。十方如來。乘此呪心。坐寶蓮華。應微塵國。十方如來。含此呪心。於微塵國。轉大法輪。十方如來。持此呪心。能於十方摩頂授記。自果未成。亦於十方蒙佛授記。十方如來。依此呪心。能於十方拔濟羣苦。所謂地獄餓鬼畜生。盲聾瘖瘂。怨憎會苦。愛別離苦。求不得苦。五陰熾盛。大小諸橫。同時解脫。賊難兵難。王難獄難。風火水難。飢渴貧窮。應念消散。十方如來。隨此呪心。能於十方事善知識。四威儀中。供養如意。恆沙如來會中。推爲大法王子。十方如來。行此呪心。能於十方攝受親因。令諸小乘。聞秘密藏。不生驚怖。十方如來。誦此呪心。成無上覺。坐菩提樹。入大涅槃。十方如來傳此呪心。於滅度後。付佛法事。究竟住持。嚴淨戒律。悉得清淨。

議曰。此下廣顯呪益也。向說般若為諸佛母。一切諸佛從般若生。今言諸佛從呪力出生。是知前說三觀。乃佛佛成道之本。為一路涅槃門。蓋屬顯了般若。修行要假觀智。以斷現行煩惱。煩惱淨處。佛果圓滿。名出生諸佛。今呪乃祕密般若。假此以斷俱生習氣。以習氣深潛。非觀智可到。故須假諸佛祕密心印。乃能斷除。習氣淨處。佛果圓成。故為出生十方如來也。觀其十種大益。謂十方如來因此呪而成佛。執此呪以降魔。乘此呪以應塵國。含此呪以轉法輪。持此呪以得摩頂授記。依此呪以濟拔羣苦。隨此呪以供佛承法。行此呪以攝受小乘。誦此呪以成無上覺入大涅槃。傳此呪以付佛法事。究竟住持。是知十方諸佛出世。始終事業。皆依此呪心而得成就。非無上秘密心印。何功力若此之殊勝哉。即此而觀。從上諸祖傳佛心印者。未有不由呪力而成功行者也。是所謂如來密因修證了義。的指此呪為行本也。即菩薩萬行。今二乘人遠諸魔事。無不資始乎此。今人修行。捨此呪力。又何以斷習氣。收速效乎。妙在壇場勝友。乃可尅期成功。惜乎此土無結壇之具。故多因循漫視耳。雖無壇場。而密呪斷不可捨置也。

上顯如來密因竟

□ 二菩薩萬行分二 ◇ 初能成萬行分二

◎ 初自利行分十 ◇ 初能遠魔事

若我說是佛頂光聚般怛羅呪。從旦至暮。音聲相聯。字句中間。亦不重疊。經恆沙劫。終不能盡。亦說此呪。名如來頂。汝等有學。未盡輪迴。發心至誠。取阿羅漢。不持此呪而坐道場。令其身心遠諸魔事。無有是處。

議曰。此通顯呪心。源遠而益大也。以此呪從一真法界清淨妙心所演。故無始無終。窮劫不盡。而諸修行者。不持此呪。無以遠諸魔事也。

此下通言有十種利益

㊁ 二能遠毒害

阿難。若諸世界。隨所國土所有衆生。隨國所生樺皮貝葉。紙素白氎。書寫此呪。貯於香囊。是人心昏。未能誦憶。或帶身上。或書宅中。當知是人。盡其生年。一切諸毒。所不能害。阿難。我今爲汝。更說此呪。救護世間得大無畏。成就衆生出世間智。若我滅後。末世衆生。有能自誦。若教他誦。當知如是持誦衆生。火不能燒。水不能溺。大毒小毒。所不能害。如是乃至天龍鬼神。精祇魔魅。所有惡呪。皆不能著。心得正受。一切呪詛。厭蠱毒藥。金毒銀毒。草木蟲蛇。萬物毒氣。入此人口。成甘露味。

議曰。此能遠毒害也。如不能誦。若書寫隨帶。其利益亦等。呪乃佛心。持呪即持佛心。故能成出世間智。而遠世間毒害也。

三能令惡神守護

一切惡星。并諸鬼神。磣心毒人。於如是人。不能起惡。頻那夜迦。諸惡鬼王。并其眷屬。皆領深恩。常加守護。

議曰。此能令惡神守護也。持呪即呼召而囑之。故能轉惡心而為守護也。

四能知宿命

阿難。當知是呪。常有八萬四千那由他恆河沙俱胝。金剛藏王菩薩種族。一一皆有諸金剛衆而爲眷屬。晝夜隨侍。設有衆生。於散亂心。非三摩地。心憶口持。是金剛王。常隨從彼諸善男子。何況決定菩提心者。此諸金剛菩薩藏王。精心陰速發彼神識。是人應時心能記憶。八萬四千恆河沙劫。周徧了知。得無疑惑。

議曰。此能知宿命也。以呪乃金剛心也。向未發悟。但為八萬四千塵沙煩惱。今執而用之。故有如是金剛藏王晝夜隨侍。以此心無動轉相。故亂心憶持。而金剛王亦常隨侍。能令行人頓破無明。記憶八萬四千恆沙劫也。

⛬ 五能離惡道

從第一劫。乃至後身。生生不生藥叉羅刹。及富單那。迦吒富單那。鳩槃茶。毗舍遮等。并諸餓鬼。有形無形。有想無想。如是惡處。

議曰。此能離惡道也。以呪純無漏。故永離惡趣。生生不受生彼處也。

⛬ 六能生善處

是善男子。若讀若誦。若書若寫。若帶若藏。諸色供養。劫劫不生貧窮下賤。不可樂處。

議曰。此能生善道也。呪力似如意珠。故劫劫不生貧窮下賤處也。

七能成善行

此諸衆生。縱其自身不作福業。十方如來所有功德。悉與此人。由是得於恆河沙阿僧祇不可說不可說劫。常與諸佛同生一處。無量功德。如惡叉聚。同處熏修。永無分散。是故能令破戒之人。戒根清淨。未得戒者。令其得戒。未精進者。令得精進。無智慧者。令得智慧。不清淨者。速得清淨。不持齋戒。自成齋戒。

議曰。此能成善行也。以持此呪。即得佛心。與佛同體。故自不作福。而十方諸佛所有功德皆悉與之。以心心相印。故同生一處熏修。

永無分散也。以如來果覺為我因心。故齋戒不持而自持。不精進而亦得精進智慧矣。

八能離染行

阿難。是善男子。持此呪時。設犯禁戒於未受時。持呪之後。衆破戒罪。無問輕重。一時銷滅。縱經飲酒。食噉五辛。種種不淨。一切諸佛菩薩金剛天仙鬼神。不將爲過。設著不淨破弊衣服。一行一住。悉同清淨。縱不作壇。不入道場。亦不行道。誦持此呪。還同入壇行道功德。無有異也。

議曰。此能離染行也。以法界性無染淨。離止作。罪性本空。而動亂恆一。故能滅破戒之罪穢於未受時。亦同淨故。雖不入壇而與入者等也。問曰。前言持呪必須結壇。種種清潔。如一不淨。必不成就。今言破戒散心。皆獲成就。何相舛耶。答曰。前言真修。必務嚴潔為主。今但言呪力殊勝。非言一槩可成也。

九能滅眾業

若造五逆無間重罪。及諸比丘。比丘尼。四棄八棄。誦此呪已。如是重業。猶如猛風吹散沙聚。悉皆滅除。更無毫髮。

議曰。此能滅眾業也。五逆無間罪業。四棄八棄。皆不通懺悔者。今以呪力悉皆除滅也。四棄。即四根本重業。梵語波羅夷。此云棄。謂永棄佛法邊外也。又如世之大辟曰棄市。謂永斷慧命也。八棄者。謂加比丘尼四棄。共名八棄。尼四棄者。謂觸八覆隨。觸者。不得與染心男身相觸。八者。謂不得與染心男捉手。捉衣。入屏處。屏處共立。共語。共行。身相倚。相期等八事。覆者。謂不得覆他重罪。隨者。謂不得隨舉大僧供給衣食。即為僧所舉。未與作共住法者。不得隨彼也。通上共名八棄。僧所舉。即舉詰之義。

㊇ 十能消積障

阿難。若有衆生。從無量無數劫來。所有一切輕重罪障。從前世來。未及懺悔。若能讀誦。書寫此呪。身上帶持。若安住處莊宅園館。如是積業。猶湯銷雪。不久皆得悟無生忍。

議曰。此能消積障也。無量劫來所積輕重諸罪。今以呪力而能消者。正如千年暗室。一燈能破也。此上十種利益。通顯呪力不可思議也。

上約自利益下約利他益

◎ 次利他行分二 品 一能隨所願

復次阿難。若有女人。未生男女。欲求孕者。若能至心憶念斯呪。或能身上帶此悉怛多般怛囉者。便生福德智慧男女。求長命者。即得長命。欲求果報速圓滿者。速得圓滿。身命色力。亦復如是。命終之後。隨願往生十方國土。必定不生邊地下賤。何況雜形。

議曰。此約利他益。能隨所願也。求男女即得男女。求果報即得果報。求往生即得往生。永離邊地雜形之報者。蓋稱真法性。心境一如。永離邪曲故也。

㊂二能滅災難

阿難。若諸國土州縣聚落。饑荒疫癘。或復刀兵賊難鬭諍。兼餘一切厄難之地。寫此神呪。安城四門。并諸支提。或脫闍上。令其國土所有衆生。奉迎斯呪。禮拜恭敬。一心供養。令其人民各各身佩。或各各安所居宅地。一切災厄。悉皆消滅。阿難。在在處處。國土衆生。隨有此呪。天龍歡喜。風雨順時。五穀豐殷。兆庶安樂。亦復能鎭一切惡星。隨方變怪。災障不起。人無橫夭。杻械枷鎖。不著其身。晝夜安眠。常無惡夢。阿難。是娑婆界。有八萬四千災變惡星。二十八大惡星而爲上首。復有八大惡星。以爲其主。作種種形。出現世時。能生衆生種種災異。有此呪地。悉皆消滅。十二由旬。成結界地。諸惡災祥。永不能入。

議曰。此能消衆生災難也。種種諸難。起於逆理。故致災祥。今順法性。永離諸過。故一切災祥永不能入也。支提。此云可供養處。脫闍。此云幢也。

〇二結成真行

是故如來宣示此呪。於未來世。保護初學諸修行者。入三摩提。身心泰然。得大安隱。更無一切諸魔鬼神。及無始來冤橫宿殃。舊業陳債。來相惱害。汝及衆中諸有學人。及未來世諸修行者。依我壇場。如法持戒。所受戒主。逢清淨僧。於此呪心。不生疑悔。是善男子。於此父母所生之身。不得心通。十方如來便爲妄語。

議曰。此結成真行也。以印契佛心。故永離魔冤。一生取辦也。前顯說中。性比丘尼得阿羅漢。今密呪之功。一生克果。足證二種般若。其功等也。

上正行成益竟

△二保護成益分二　◎一諸神守護

說是語已。會中無量百千金剛。一時佛前合掌頂禮。而白佛言。如佛所說。我當誠心。保護如是修菩提者。爾時梵王。并天帝釋。四天大王。亦於佛前同時頂禮。而白佛言。審有如是修學善人。我當盡心至誠保護。令其一生所作如願。復有無量藥叉大將。諸羅刹王。富單那王。鳩槃茶王。毗舍遮王。頻那夜迦。諸大鬼王。及諸鬼帥。亦於佛前合掌頂禮。我亦誓願護持是人。令菩提心。速得圓滿。復有無量日月天子。風師雨師。雲師雷師。并電伯等。年歲巡官。諸星眷屬。亦於會中頂禮佛足。而白佛言。我亦保護是修行人。安立道場。得無所畏。復有無量山神海神。一切土地水陸空行萬物精祇。并風神王。無色界天。於如來前。同時稽首而白佛言。我亦保護是修行人。得成菩提。永無魔事。

議曰。此諸神守護也。華嚴說四十二位異生神眾。皆是毗盧遮那海印三昧威神所現。各得如來一種三昧。以為法界所統故。今此呪心乃法界心印。故凡所在處。諸神守護。正如大將兵符。符到令行。諸人皆得而左右之。況如來不思議力乎。

◎二菩薩守護

爾時八萬四千那由他恆河沙俱胝。金剛藏王菩薩。在大會中。即從座起。頂禮佛足。而白佛言。世尊。如我等輩所修功業。久成菩提。不取涅槃。常隨此呪。救護末世修三摩提正修行者。世尊。如是修心求正定人。若在道場。及餘經行。乃至散心遊戲聚落。我等徒眾。常當隨從侍衛此人。縱令魔王大自在天。求其方便。終不可得。諸小鬼神。去此善人十由旬外。除彼發心樂修禪者。世尊。如是惡魔。若魔眷屬。欲來侵擾是善人者。我以寶杵殞碎其首。猶如微塵。恆令此人。所作如願。

議曰。此菩薩守護也。首楞嚴定。亦名如幻聞熏聞修金剛三昧。故五十五位最後等覺。俱用金剛心斷惑。以根本無明。最極微細堅固。非金剛心不能破。以一迷真心。始起無明。名為生相。由此無明發業潤生。則有生死。故變一心而為八萬四千塵沙煩惱。造生死業。今此呪。乃金剛心中所流。直斷根本無明。故變煩惱而為護法。以迷時純為染業。今逆流純成淨用。故八萬四千金剛藏王。常隨守護也。魔有侵者。即碎其首。猶如微塵。顯此呪力一念能碎堅固無明。不假餘力。故守護之功。妙極於此。是所謂妙圓密行也。

從前四卷中請入華屋以來至此總顯三觀之相竟

△三顯三觀之用分二

◉初當機特請修證階差

阿難即從座起。頂禮佛足。而白佛言。我輩愚鈍。好爲多聞。於諸漏心。未求出離。蒙佛慈誨。得正熏修。身心快然。獲大饒益。世尊。如是修證佛三摩提。未到涅槃。云何名爲乾慧之地。四十四心。至何漸次。得修行目。詣何方所。名入地中。云何名爲等覺菩薩。作是語已。五體投地。大衆一心。佇佛慈音。瞪瞢瞻仰。

◉次世尊特示迷悟因果分二 ㊀初讚許

爾時世尊。讚阿難言。善哉善哉。汝等乃能普爲大衆。及諸末世一切衆生。修三摩提。求大乘者。從於凡夫。終大涅槃。懸示無上正修行路。汝今諦聽。當爲汝說。阿難大衆。合掌刳心。默然受教。

議曰。此下問修證位次。以顯三觀之用也。謂約位次以顯三觀。具有能斷能證之力用故。乾慧地者。謂欲愛乾枯。根境不偶。即天台信前五品觀行位也。華嚴以信為行本。三賢已前。總依信位。更不別開。故通有四十二位。此經備開十信。故有五十五位。以乾慧為最初之因。涅槃為至極之果。由初信至四加行。故曰四十四心。并前乾慧十地。故成五十五也。等覺。乃因圓之果。剎者。剜物見空曰剎。如所謂剗去知見也。

◈次正說分二 ◇初立一真法界如來藏性為生死涅槃因分三

△初直指一心

佛言。阿難當知。妙性圓明。離諸名相。本來無有世界衆生。

△二真妄因依

因妄有生。因生有滅。生滅名妄。滅妄名眞。是稱如來無上菩提。及大涅槃。二轉依號。

△三即妄明真

阿難。汝今欲修眞三摩地。直詣如來大涅槃者。先當識此衆生世界。二顛倒因。顛倒不生。斯則如來眞三摩地。

議曰。因問修證位次。先立一真法界為生死涅槃之因也。妙性圓明本無眾生世界等者。直指一心真源。永離諸妄也。以最初一念妄動。因而有生。因生遂有滅。因有生滅。則名為妄。因滅生滅。無生滅性。則名為真。真妄因依。故有轉煩惱為菩提。轉生死為涅槃。二轉依號。此凡聖二路。皆由迷悟而立本非有也。今欲真修返妄歸真。不須別求。但能識破眾生世界顛倒之因。便是真三摩地矣。豈更有別法哉。在即妄以明真。非捨妄以求真也。

◎二委示一心染淨熏成迷悟因果差別之相分三

△初約無明熏真如成染法為十二類生因分二

△二約真如熏無明成淨用為五十五位因分二

△三結指觀行圓證一心泯同果海成無上妙覺之果

議曰。此下十二類生。約無明為染法之因也。問曰。阿難本問從乾慧地。以至等覺五十六位。修證次第。而如來先答十二類生者。何也。答曰。此經專依一真法界如來藏心。為迷悟聖凡之本。以其此心本無迷悟。不屬聖凡。又何修證之有。但以最初一念妄動而有無明。不思議熏變。由此妄有顛倒之眾生。若識顛倒之因。則了生本無生。由是故有二轉依號。是知迷悟不出一心。凡聖本乎一念。今既以一念妄動而為十二類生。豈不能以一念無生圓成五十七位。要顯真妄因依。迷悟一體。故先指十二類生為發心之地。捨此眾生。別無修證之果矣。故因問真修。先示妄本。元依一心轉變也。此先約無明熏成染法。故總標二種顛倒之因。

△初中分二　◎初總明眾生世界之本

阿難。云何名為眾生顛倒。阿難。由性明心。性明圓故。因明發性。性妄見生。從畢竟無。成究竟有。此有所有。非因所因。住所住相。了無根本。本此無住。建立世界及諸眾生。

議曰。此總標十二類生之因也。標中眾生二字。應云二種。以此八句總標。故當雙舉。後有別列。故知二字之誤也。由性明心。此特顯一真法界妙圓真心。以為迷悟因依之大本。即前所云性覺妙明也。性明圓故。即前所謂若此不明名為覺者。則無所明。意有強明也。因明發性者。性乃妄相。即前因明立所。前之所字。謂通含虛空世界衆生業果等相。此乃單約衆生正報。以明無明熏變生死之狀。以為諸妄之本。故但言性。而不言相。指體而言。顯此衆生世界。乃由無明熏變而起也。故曰因明發性。性妄見生者。即前所妄既立生汝妄能。謂由所發之妄相。遂起能見之妄見。此則衆生世界宛然。而生死輪迴因之而立。是從畢竟無而成究竟之有矣。此有所有下四句。顯妄無體也。此有者。無明也。所有者。衆生世界也。非因所因。謂無明與衆生世界。本無所因與之為因也。能住者。衆生。所住者。世界。謂此衆生世界。全一虛妄。了無根本。則顯衆生世界之本無也。謂一真法界。本無所住之相。本此無住之真。建立衆生世界之妄法耳。是所謂從無住本立一切法也。前三種相續中世界。的指外器世界。此世界。端指正報色蘊之身。眾生。乃四蘊之心。所謂諸識合集。名為眾生。以前云。使汝流轉生死。速證安樂妙常。同是六根。更無他物。故此二轉依果。皆依眾生六根而立。經意隱然。而示三細六麤之相。但就眾生顛倒身心。以明從真起妄。要顯妄元無因。所謂達妄元虛。即凡心而見佛。故五十六位。依十二類而立也。

◎二別名二種顛倒之因分四　△初眾生顛倒

迷本圓明。是生虛妄。妄性無體。非有所依。將欲復真。欲真已非真真如性。非真求復。宛成非相。非生非住。非心非法。展轉發生生。力發明。熏以成業。同業相感。因有感業。相滅相生。由是故有衆生顚倒。

議曰。此別示衆生顚倒也。經文應有云何名為衆生顚倒一句。錯簡在前。迷本圓明下四句。明妄依真起。本無體也。由迷本圓明湛寂之真心。是生虛妄之妄相。而此妄性無體。非有所依。但了妄無依。則真常頓復。不假更起修為也。以衆生本空。不容有心求復。將欲復真。纔有欲真之心。則早墮生滅。已非真真如性矣。以一真界中。不容起見。舉心即錯。動念即乖。若以生滅心求復真常之性。則真常之性亦成生滅。故曰宛成非相。所謂未出輪迴而辯圓覺。彼圓覺性即同流轉矣。以衆生本無。何有生住。生住尚無。何有心法。

言生住。該異滅。言心法。該身受。意謂本無生滅衆生也。今於本無之中。而妄見有生住心法之衆生相。故總言非。但以無明生相未泯耳。良由一念生相無明。不覺展轉發生。積久而愈有力。由此生力發明。故六麤相顯。以無明不思議熏以成業性。既因發業。則有潤生。故同業相感。因此所感之業。相滅相生。由是故有衆生顛倒也。生力發明。即六麤中智相相續也。熏以成業即執取計名字也。同業相感。則起業繫苦也。若了無明本空。則生死頓絕。故指妄元無因。為觀行之要耳。

◎二世界顛倒

阿難。云何名爲世界顛倒。是有所有。分段妄生。因此界立。非因所因。無住所住。遷流不住。因此世成。三世四方。和合相涉。變化衆生。成十二類。

△三示熏變之相

是故世界。因動有聲。因聲有色。因色有香。因香有觸。因觸有味。因味知法。六亂妄想。成業性故。十二區分。由此輪轉。是故世間。聲香味觸。窮十二變。爲一旋復。

△四示輪迴之狀分二

◎初總列十二類生之名

乘此輪轉顚倒相故。是有世界。卵生。胎生。溼生。化生。有色。無色。有想。無想。若非有色。若非無色。若非有想。若非無想。

議曰。此別示世界顛倒也。是有者。指無明妄心。所有者。指妄身。以無明妄心依真而立。本無分段。但由吸攬四大外色而成根身。則所妄既立。明理不踰。故分段妄生。因此而有左右前後一定之界限。故曰因此界立。以妄心無體。非有因為之所因。妄身本空。故無有住為所住之世界。於無住中妄執為住。故妄心生滅遷流不住。遂形三世之妄相。故曰因此世成。由方世和合。不思議熏。不思議變。故變化衆生成十二類。是知十二類生。皆由一念無明妄心之所熏變也。是故世界下。正示熏變之相。以妄心住於妄身之中。無明內熏。憶識誦習之習氣猛發鼓動心體。則妄有緣氣於中積聚。假名為心。故曰因動有聲。然聲乃妄想風耳。非外境也。因此動念。

則隨其本習容現塵相。故因聲有色。則習境妄現因此妄境返熏自心。故曰因色有香。香乃妄境之氣分也。因此緣氣返觸其心。而心亦趣境。故因香有觸。心境相觸。則繇著其味。愛而不吐。故曰因觸有味。因此味著。則知為法塵。此總顯一念妄想。由習氣內發而為六塵。非外塵境。故不次耳。以此六亂之妄想。熏成業性。以為生因。所熏不出身心之外。故十二區分以為受生之果。故下結云。由此六亂妄想生滅不停。是故眾生世界。但以聲香味觸習染之六塵。窮十二變為一旋復。是知一念妄想。則為十二類生之因。所謂熏以成業。不待更造。而生死苦果念念隨之矣。豈不痛哉。下正示輪迴之狀。以知見每欲留於世間。業運每常遷於國土。故曰。乘此各具旋復輪轉顛倒相故。是有十二類生之苦果。此先列名也。舊解卵唯想生。故卵居首。胎因情有。故因次之。溼以氣合而感。化以離形而應。其餘八類。亦各以情想熏變而成。此指眾生日用現前之情狀。殆非約理而推也。

◎次別示十二類生之果分二

㊀初示行分十二　㊀一卵生

阿難。由因世界虛妄輪迴。動顛倒故。和合氣成八萬四千飛沈亂想。如是故有卵羯邏藍。流轉國土。魚鳥龜蛇。其類充塞。

議曰。此卵生類也。輪迴。言生滅妄想也。雖云四生受形之因各別。大槩十二類生。皆云妄想之所熏成。何獨卵唯想生故列首耶。細詳經意。諸類通以六亂妄想為因。始因一念妄動。習氣內鼓而為妄想之本。故曰因動有聲。此召類之元也。故今卵生。則曰虛妄輪迴。乃初起一念生滅心也。認此動念為心。故云動顛倒。然以生滅為心。以動為境。故心境和合。習氣內發。妄有緣氣。故云氣成。生滅不停。故云飛沈亂想。因此而有卵羯邏藍。此云凝滑。以妄想吸此而成形。故有魚鳥龜蛇之類。是推妄想初起。因動有聲。約習氣熏變之始。故列卵生居首。非是眾生之初先有此類也。第約情想偏重而言。故以情屬胎。其實卵生。未嘗無情也。皆有交遘。豈非情耶。

◎二胎生

由因世界雜染輪迴。欲顛倒故。和合滋成八萬四千橫竪亂想。如是故有胎遏蒱曇。流轉國土。人畜龍仙。其類充塞。

議曰。此胎生類也。欲習熏起。故曰雜染輪迴欲顛倒。以染欲相交。故曰和合滋成。情有偏正。故曰橫豎亂想。流愛為種。納想為胎。故曰胎遏蒱曇。此云胞。乃胎中二七之相也。人畜龍仙。胎生類也。龍亦有卵生。仙亦有化生。蓋舉其重者而言也。

△三溼生

由因世界執著輪迴。趣顛倒故。和合煖成八萬四千翻覆亂想。如是故有溼相蔽尸。流轉國土。含蠢蠕動。其類充塞。

議曰。此溼生類也。附合習氣熏起。故曰執著輪迴。執著者。謂希求附合也。執取勢利。妄生苟合。如世之逐氣尋香。趣勢附利。故曰趣顛倒。有氣餤處。即便合之。故曰煖成。心無定向。故曰翻覆亂想。如世之翻雲覆雨之徒。蔽尸。此云軟肉。蠢蠕受形之始也。

△四化生

由因世界變易輪迴。假顛倒故。和合觸成八萬四千新故亂想。如是故有化相羯南。流轉國土。轉蛻飛行。其類充塞。

議曰。此化生類也。詐習熏起。故曰變易。謂附離而感。望勢即變其所守。失勢即易其本心。假權貴而變姓名。托勢利以為己有。故曰假顛倒。觸勢而變。故曰觸成。棄舊迎新。故曰新故亂想。羯南。此云堅肉。乃化生受形之始。如鷹化為蛤。蜣蜋化蟬之類。故云轉蛻飛行。

△五有色

由因世界留礙輪迴。障顛倒故。和合著成八萬四千精耀亂想。如是故有色相羯南。流轉國土。休咎精明。其類充塞。

議曰。此有色類也。凝習熏起。故曰留礙。此外道以日月星辰為父母。故吸日精月華餐霞飲露。以為修真養性。心生固結而不化。障蔽妙明。故曰障顛倒。凝想既久。精光昭著。故曰著成。大而為日月星辰。在物而為螢火蚌珠之類。故曰精耀。但以色相而顯。故曰休咎精明之物類也。

△六無色

由因世界銷散輪迴。惑顛倒故。和合暗成八萬四千陰隱亂想。如是故有無色羯南。流轉國土。空散銷沈。其類充塞。

議曰。此無色類也。惑習熏起。銷礙入空。故曰銷散。惑取虛無。故曰惑顛倒。昏昧無知。故曰暗成。幽潛神識。暗昧心靈。故曰陰隱。無色羯南。是為空散銷沈之類也。

△七有想

由因世界罔象輪迴。影顛倒故。和合憶成八萬四千潛結亂想。如是故有想相羯南。流轉國土。神鬼精靈。其類充塞。

議曰。此有想類也。憶習熏起。若有若無。故曰罔象。奉事神明。邪著影像。故曰影顛倒。憶想神明。潛結狀貌。故曰憶成。潛結亂想。但由想成。故為有想羯南。或幽而為鬼神。或昧而為精靈。即今樟柳耳報之類也。

△八無想

由因世界愚鈍輪迴。癡顚倒故。和合頑成八萬四千枯槁亂想。如是故有無想羯南。流轉國土。精神化爲土木金石。其類充塞。

議曰。此無想類也。癡習熏起。妄計無情有命。金石堅牢。固守愚癡。故曰愚鈍癡顚倒。頑成無知。精神枯槁。故曰頑成枯槁亂想。如黃頭化石。華表生精。想至無情。故曰無想。

△九非有色

由因世界相待輪迴。僞顚倒故。和合染成八萬四千因依亂想。如是故有非有色相。成色羯南。流轉國土。諸水母等。以蝦為目。其類充塞。

議曰。此非有色類也。偽習熏起。遞相假待。造作詐偽。故曰相待偽顛倒。習染成類。因依求食。故曰染成因依亂想。如世之假造偽印。書畫古器。遞相聲勢。或結連朋黨。起滅詞訟。騙財自活。如水母無眼。求食賴蝦。原不露形。故非有色相。待色成形。故成色羯南。以妄想愈謬。故生理愈乖。因果感召。固其然也。

△十非無色

由因世界相引輪迴。性顛倒故。和合呪成八萬四千呼召亂想。如是故有非無色相。無色羯南。流轉國土。呪詛厭生。其類充塞。

議曰。此非無色類也。誘習熏起。音聲相誘。故曰相引。習與性成。故曰性顛倒。即世世之婬詞歌曲。以聲挑引。意在順情寄聲成事。如相如琴心。御溝紅葉。并邪術詛呪之類。故曰呪成呼召亂想。假他色相。故非無色。藉聲誕形。故曰無色。佛戒比丘。歌唱之處不許故往觀聽。不許親習外道邪術。正防微也。

△十一非有想

由因世界合妄輪迴。罔顛倒故。和合異成八萬四千迴互亂想。如是故有非有想相。成想羯南。流轉國土。彼蒲盧等。異質相成。其類充塞。

議曰。此非有想類也。欺習熏起。非合而合。罔冒欺人。以為不知。故曰合妄罔顛倒。本非同體。故曰異成。誠恐人知。故曰迴互亂想。此即世之托孤繼嗣。忘本父母。而托他人。或抱他子以為己子。故感螟蛉之類。以異質故。非有想以相成。故成想羯南。

△十二非無想

由因世界怨害輪迴。殺顛倒故。和合怪成八萬四千食父母想。如是故有非無想相。無想羯南。流轉國土。如土梟等。附塊爲兒。及破鏡鳥。以毒樹果。抱爲其子。子成。父母皆遭其食。其類充塞。

議曰。此非無想類也。恨習熏起。故曰怨害。由怨而害。故曰殺顛倒。

子成而食其父母。最為怪事。故曰怪成。鴟梟附塊為兒。破鏡抱毒樹果為子。塊果本無想而成想。故云非無想相。無想羯南。破鏡鳥。未詳。舊解引史記祀百祠用土梟破鏡。按道安法師檄魔文云。梟獍競起。是則鏡當作獍。獸名。孤山謂如貙而虎眼。今經為鳥。又非獍也。俟再考之。

⚇ 次結名

是名衆生十二種類。

議曰。妙淨明心。離諸名相。本來無有世界眾生。是故世界眾生。但因妄想而有也。

上約無明熏真如成其染法為十二類生之因竟

大佛頂如來密因修證了義諸菩薩萬行首楞嚴經通議卷第七

大佛頂如來密因修證了義諸菩薩萬行首楞嚴經通議卷第八

唐天竺沙門般刺密帝譯
烏萇國沙門彌伽釋迦譯語
菩薩戒弟子清河房融筆受
明南嶽沙門憨山釋德清述

△二約真如熏無明成其淨用為五十五位因分三

◎初明染淨同源

阿難。如是衆生。一一類中。亦各各具十二顛倒。猶如捏目。亂華發生。顛倒妙圓眞淨明心。具足如斯虛妄亂想。

議曰。此通躡前以顯染淨同源也。十二類生。皆依一念妄想而有。但隨習氣熏變。雖各類自有元熏本習以成當類。然此一心。融通身心。互涉世界。則已徧具於諸類矣。故曰如是眾生亦各各具十二顛倒。第約重輕而感。故本習感當類。餘習帶熏諸類。又為彼各各因。此所謂不思議熏變。而眾生業力微矣。以此而觀。吾人日用未造真修。舉心動念。無非妄想用事。念念皆為十二類生生死之因。可不懼哉。以此顛倒。盡是妙圓真淨明心。具足如斯虛妄亂想。是知全真起妄。全妄即真。吾人苟能達妄原虛。則了眾生體空。本來是佛。故五十五位之真修。本於眾生十二之顛倒也。故下文明真依妄立。

◎二明真依妄立分二

︽初正明

汝今修證佛三摩提。於是本因。元所亂想。立三漸次。方得除滅。

︽次喻顯

如淨器中。除去毒蜜。以諸湯水。并雜灰香。洗滌其器。後貯甘露。

議曰。此明真依妄立也。以顛倒元是妙圓真心。故今修證佛三摩提。不必別求。即就眾生本因元所亂想。立三漸次。若顛倒不生。即是如來真三摩地。而十二類顛倒。則當下除滅。故如淨器先貯毒蜜。但除其毒。洗滌其器。然後可貯甘露矣。

▣ 三正明因行階差分二

⋀ 初總明依三漸次頓悟一心為返妄歸真之本分二

◎ 初徵標

云何名爲三種漸次。一者修習。除其助因。二者眞修。刳其正性。三者增進。違其現業。

議曰。此徵列三漸次。以明頓悟一心為返妄歸真之本也。除助因者。以眾生積劫習氣念念熏變。已是難斷。若外加助發之因。則愈益熾盛。故斷習氣之要。先除助因為第一也。刳正性者。習有多種。唯婬欲為生死之根。故曰一切眾生皆以婬欲而正性命。是知在眾生中。但以婬欲為正性也。刳者。剜去之義。如人被毒箭所傷。必剜去毒肉。則可不傷性命。故云剜者斷其毒根也。違現業者。以舊熏種子習氣內鼓發為現業。若現業不違。而新熏益熾。何由能出生死哉。故真修必違現業。現業不行。則正性自枯。欲流可涸矣。所以依三漸次建立行本也。

◎次釋分三　一除助因

云何助因。阿難。如是世界十二類生。不能自全。依四食住。所謂段食。觸食。思食。識食。是故佛說一切眾生。皆依食住。阿難。一切眾生。食甘故生。食毒故死。是故眾生。求三摩提。當斷世間五種辛菜。是五種辛。熟食發婬。生啖增恚。如是世界食辛之人。縱能宣說十二部經。十方天仙。嫌其臭穢。咸皆遠離。

諸餓鬼等。因彼食次。舐其唇吻。常與鬼住。福德日銷。長無利益。是食辛人。修三摩地。菩薩天仙。十方善神不來守護。大力魔王。得其方便。現作佛身。來為說法。非毀禁戒。讚婬怒癡。命終自為魔王眷屬。受魔福盡。墮無間獄。阿難。修菩提者。永斷五辛。是則名為第一增進修行漸次。

議曰。此別釋三種漸次之初相也。大蒜。茖蔥。慈葱。蘭葱。與興渠。是為五辛。氣味極濁。眾生以此為食。而婬機元為命本。以無明內熏。婬習鼓動。故妄有緣氣。依附肉團為妄想心。若食此五辛。濁氣返熏。則婬機益熾。故能助發婬性。是須必斷也。若不斷辛。天仙嫌其臭穢。諸鬼時與周旋。善神不守。魔王得便。墮落邪途。為地獄種。

故修菩提者。永斷五辛。則神清氣爽。觀行易成。名為第一增進修行漸次也。

▣ 二刳正性

云何正性。阿難。如是衆生。入三摩地。要先嚴持清淨戒律。永斷婬心。不餐酒肉。以火淨食。無啖生氣。阿難。是修行人。若不斷婬及與殺生。出三界者。無有是處。當觀婬欲。猶如毒蛇。如見怨賊。先持聲聞四棄八棄。執身不動。後行菩薩清淨律儀。執心不起。禁戒成就。則於世間。永無相生相殺之業。偷劫不行。無相負累。亦於世間。不還宿債。是清淨人。修三摩地。父母肉身。不須天眼。自然觀見十方世界。覩佛聞法。親奉聖旨。得大神通。遊十方界。宿命清淨。得無艱險。是則名爲第二增進修行漸次。

議曰。此釋第二漸次之相也。衆生生死。以婬欲為本。今願出苦輪。必永斷婬心。而生死可出也。飲酒則助發婬心。而昏迷自性。食肉則忿殺業。而增盜貪。冤債相牽。無由得脫。是故斷婬必兼持四重。以此為生死之本故也。且婬欲從渴愛生。若不大生恐怖。則不生厭離。故視如毒蛇。則自不敢狎也。如見怨賊。則自知逃避也。四棄八棄雖嚴。猶屬小乘。但能執身不行而已。若修菩薩觀智。照破無明。則執心不起。所謂摩登伽在夢。誰能留汝形。此觀照之力也。不婬。則不相生。不食肉。則無殺業。不盜。則免酬債。是以先持四重。

皎如冰霜。則生死根機永斷。身心清淨。心見發光。故得宿命清淨也。宜矣。

三違現業

云何現業。阿難。如是清淨持禁戒人。心無貪婬。於外六塵不多流逸。因不流逸。旋元自歸。塵既不緣。根無所偶。反流全一。六用不行。十方國土。皎然清淨。譬如瑠璃內懸明月。身心快然妙圓平等。獲大安隱。一切如來密圓淨妙。皆現其中。是人即獲無生法忍。從是漸修。隨所發行。安立聖位。是則名爲第三增進修行漸次。

議曰。此釋第三漸次之相也。前問行之初。首示三決定義。而以四重為妙行之本。今立聖位。又從三種漸次為進趣之階。正性之中雖兼殺盜。而正意在婬。若婬心既斷。則殺盜何由而起耶。所謂皮既不存。毛將安附。故今違現業。專以斷婬為第一義。何也。以廣大無邊清淨法界如來藏心。具有恒沙稱性功德神通妙用。孰能奪之。獨婬欲一事。則能全舉而覆奪之。金剛心地。誰能壞之。唯婬機一動。而盡壞之。是知破涅槃城。蕩法王家。絕菩提種。戕害法身。而斷慧命者。無尚此矣。如來大慈出世。專為此一大事因緣。故修斷之功。萃於此經。而始終以此再三致意焉。故首以此為發教之端。及問行門。又以斷婬為上。今躋聖位。皆從斷婬一行建立。婬心一斷。立登佛果。豈不至重至要哉。故違現業而為聖位之本也。以順欲流。故有生死。今則返流。則旋元自歸。為復性之要。塵既不緣。境空也。根無所偶。心空也。心境皆空。則返欲流而全一真。六根消復。六用不行。塵境既空。則身心內外一時清淨。而十方皎然。猶如瑠璃。內懸寶月。豈不快哉。斯乃頓破根本無明。使八識種子一時迸裂。此通論全功。故下經云。識陰若盡。則汝現前諸根互用。從互用中。能入菩薩金剛乾慧。圓明精心於中發化。如淨瑠璃內含寶月。如是乃超十信。十住。十行。十迴向。四加行心。菩薩所行金剛十地。入於如來妙莊嚴海。圓滿菩提歸無所得。故曰一切如來密圓淨妙皆現其中。是人即獲無生法忍。諸說無生法忍八地乃得。今於三漸次中已證無生。而五十五位從此建立。則迴異餘經。故後結云。如是皆以三增進故。善能成就五十五位真菩提路。所謂以果地覺為本因心。是為真修之要也。足知諸位。如涉海履空。無階級中之階級耳。豈可以漸次地位而擬之哉。

上總明依三漸次為返妄歸真之本竟

∧ 次別明圓依一心三觀之相漸斷無明為轉凡成聖之因分三

◎ 初世間差別因分三

⧊ 初由中道妙觀攝假入真證空如來藏分三

△ 初乾慧地

阿難。是善男子。欲愛乾枯。根境不偶。現前殘質。不復續生。執心虛明。純是智慧。慧性明圓。瑩十方界。乾有其慧。謂空有其慧無力斷惑名乾慧地。欲習初乾。但乾欲流未乾無明流未與如來法流水接。

議曰。此下明進趣因位也。華嚴明因有二種。地前三賢名差別因。地上名平等因。天台判三賢為外凡。四加行為內凡。地上名聖位。信前為觀行位。十信為相似位。十住已後為分真位。諦觀此經。總不如是。迥異諸說。以上文云。違其現業。即獲無生法忍。又云。從是漸修。隨所發行。安立聖位。是則始從觀行。以乾慧心即名聖位。又何外凡內凡之可分哉。此在聖心所履境界。固非妄識可知。然就聖言比量。明文自有昭著。以理為準。庶可依通耳。是善男子。即上修三漸次之行人也。由違現業。塵既不緣。根無所偶。故得欲愛乾枯。根境不偶。現前殘質。不復續生。此結上三漸次之功行也。前二決定義云。欲取菩提。應當審詳煩惱根本。此無始來。發業潤生。誰作誰受。以此經宗真修。專以斷婬為本。故因地先審發業潤生二種無明。為所斷之惑。故今證果之初。約觀行心。先斷此二種無明。為發軔初步。其根境不偶。則發業不生。不復續生。則潤生永絕。此二不生。即真無生忍也。無生忍。即不生滅心也。故此證果。專以不生滅心。斷此二種無明。是以果覺為我因心。故從乾慧。即名聖位。不比他經分破分證之說也。執心虛明。是伏二種無明不起也。已離欲染。無煩惱障。故純是智慧。以入流亡所。一根返源。六根解脫。無復隔礙。故慧性圓明。鎣十方界。此但觀慧圓明。未見真理。故乾有其慧。名乾慧地。但乾欲習。無明全在。故未得與如來法流水接。此觀行初心。單約斷欲。故立此位。諸經所無。

△二十信

即以此心。中中流入。圓妙開敷。從眞妙圓。重發眞妙。妙信常住。一切妄想。滅盡無餘。中道純眞。名信心住。

議曰。此約觀行增進初心。立十信位也。此十信位。即在乾慧觀心中入。以中道直觀八識。漸漸研窮。故曰即以此心中中流入。正如除結當心也。逆流而入。入之既深。則心精發化。故云圓妙開敷。此乃自心發悟。如蓮華開。真心忽現。大論云。性戒清淨。猶如妙華開敷。發生自他善因果故。即從所悟重發觀慧。故曰從真妙圓。重發真妙。是則的信自心本無生滅。故曰妙信常住。此則一切生滅妄想永不現行。如是漸增聞所聞盡。故曰滅盡無餘。唯一精真湛不搖處。故曰中道純真。名信心住。謂能安住信心也。

眞信明了。一切圓通。陰處界三。不能爲礙。如是乃至過去未來。無數劫中。捨身受身。一切習氣。皆現在前。是善男子。皆能憶念得無遺忘。名念心住。

議曰。此第二信。由此妄想滅盡。純真信心。圓明精了。故一切圓通。陰處界三。不能為礙。此以初信圓成。七識不行。故捨身受身。一切欲愛習氣。皆現在前。此見惑已盡。思惑漸斷。故能憶念不忘。名念心住。

妙圓純眞。眞精發化。無始習氣。通一精明。唯以精明進趣眞

淨。名精進心。

議曰。此第三信。進斷思惑。故妙圓純真。由真精觀智。消鎔愛習。變習成智。故曰通一精明。此正二乘涅槃。是則習消智明。唯以精明進趣真淨妙理。以盡聞不住。故名精進心。

心精現前。純以智慧。分破無明名慧心住。執持智明。周徧寂湛。寂妙常凝。名定心住。定光發明。明性深入。定慧並運唯進無退。名不退心。

議曰。此第四信。以習氣既消。故心精現前。二惑已除。故純是智慧。名慧心住。此已觀智圓明。故第五信。即執持此智明。徧照本體湛然。照寂雙流。則寂妙常凝。名定心住。第六信位。由智得定。定久發光。則慧性圓明。定慧並運。故明性深入。智能會理。故唯進無退。名不退心。一向判位。當七信為不退。斷見思惑。得六根清淨。今於三信已斷見思。六根圓通。而六信得不退者。彼約先斷見思。以及塵沙。後及無明。今經發覺初心。三漸次中。即以中道徑破根本無明。任運麤垢先落。如澄濁水。沙土自沈。清水現前。單約中道觀智。故迴別諸位。不可概論也。

心進安然。保持不失。十方如來氣分交接。名護法心。

議曰。此第七信。前雖有進無退。尚有進趣猛利之相。至此七信。進趣功純。定慧兩全。故曰心進安然。保持不失。見思緣影已盡。仗中道觀分破無明。法身漸顯。故與十方如來氣分交接。名護法心也。

覺明保持。能以妙力。迴佛慈光。向佛安住。猶如雙鏡。光明相對。其中妙影。重重相入。名迴向心。

議曰。此第八信。由前觀智增明。保持既久。心光發暉。妙契法身。故曰能以妙力迴佛慈光向佛安住。理智融通。故如鏡交光。重重相入。名迴向心。

心光密迴。獲佛常凝無上妙淨。安住無為。得無遺失。名戒心住。

議曰。此第九信。以微密觀照。返照心源。頓契寂滅清淨心體。故曰心光密迴獲佛常凝無上妙淨。自然任運而入。不假作為。故曰安住無為。以憑觀照之力。一念失照。即墮無明。故名戒心住。

住戒自在。能遊十方。所去隨願。名願心住。

議曰。此第十信。前雖不失。猶未純熟。常防其失。故未自在。至此功用已純。故曰住戒自在。遊歷性空。隨願斷惑。名願心住。按此信位。雖列十名。實是觀行成就。圓成一心。以中道純真。故非相似比也。向後三賢。只以此一心。研窮三觀。次第而入。故為差別因也。十住。乃以中道妙觀。攝假入真。以顯本覺出纏。證空如來藏。

△三十住

阿難。是善男子。以眞方便。發此十心。心精發暉。十用涉入。圓成一心。名發心住。

議曰。此十住位。謂以觀行研窮。開發本覺常住真心。所謂盡聞不住。以無住為住。故得住名。華嚴每位約觀行有入住出三相。總躡前位以為勝進。然後進入後位。故此文云。以真方便發此十心。是以三漸次及乾慧地為真方便。為入。發此十種信心。為住。但十種心歷別未圓。至十信滿心。寂照雙流。融成一味。使十心涉入。無次第相。圓成一心。名發心住。為出。是以十信觀行勝進功圓。總成初住一位也。始覺有功。本覺乃顯。故曰心精發暉。以此心初顯。故云發心住。其無始無明。須漸次研窮深入。所謂理須頓悟。乘悟併消。事非頓除。因次第盡。故向後四十四心。由是而立也。

心中發明。如淨瑠璃。內現精金。以前妙心。履以成地。名治地住。

議曰。此第二住。以中道觀。圓照自心。故曰心中發明。所觀理境。了然現於觀智心中。故如淨瑠璃內現精金。即以前微妙觀智。遊履此心。淨治無明。故曰以前妙心履以成地。名治地住。治字平聲呼

心地涉知。俱得明了。遊履十方。得無留礙。名修行住。

議曰。此第三住。由前治地。以智照理。理隨智現。故曰心地涉知境智歷然。故曰俱得明了。智照既明。理境亦大。盡十方際成一真境。故曰遊履十方。理智冥符。不落空有。空不能留。有不能礙。故曰得無留礙。心心無間。名修行住。

行與佛同。受佛氣分。如中陰身。自求父母。陰信冥通。入如來種。名生貴住。

議曰。此第四住。由修行位。以中道妙智。觀中道妙理。心境不異。故曰行與佛同。初以智熏真如。而真如漸顯。亦返熏智。智得所如。故曰受佛氣分。念念證真。故曰如中陰身。自求父母。始本暗合。故曰陰信冥通。融會藏性。故曰入如來種。以本覺種子。今彼觀智新熏發生。名生貴住。以般若尊重。特以貴名。以智攝理。故如入胎。

既遊道胎。親奉覺胤。如胎已成。人相不缺。名方便具足住。容貌如佛。心相亦同。名正心住。身心合成。日益增長。名不退住。十身靈相。一時具足。名童眞住。

議曰。此五六七八四位。通約住胎之相。以明觀智之功也。以始覺觀照。含育本覺。故曰親奉覺胤。觀行已成。故曰如胎已成。名方便具足住。方便。即觀智也。謂非觀智本覺不顯。乃由方便而具足者。理智不二。心境一如。故曰容貌如佛。心相亦同。名正心住。理智冥合。理隨智增。有進無退。名不退住。本覺圓滿。一念頓證。故曰十身靈相一時具足。具體而微。名童真住。

形成出胎。親爲佛子。名法王子住。表以成人。如國大王。以諸國事分委太子。彼刹利王世子長成。陳列灌頂。名灌頂住。

議曰。此第九十二位。約出胎之相。以明觀智也。始覺有功。本覺乃顯。故曰形成出胎。名法王子住。始本合一。名究竟覺。由華嚴位位成佛。故如王子長成。堪紹覺位。名灌頂住。輪王授太子位。取四大海水以灌其頂。名為授職。是為真子。覺位亦然。故稱灌頂。

上前十住位。以中道妙觀。觀三諦理。任運先證空如來藏竟。

二由中道妙觀帶真涉假證不空如來藏十行

阿難。是善男子。成佛子已。具足無量如來妙德。十方隨順。名歡喜行。善能利益一切衆生。名饒益行。自覺覺他。得無違拒。名無瞋恨行。種類出生。窮未來際。三世平等。十方通達。名無盡行。一切合同。種種法門。得無差誤。名離癡亂行。則於同中。顯現羣異。一一異相。各各見同。名善現行。如是乃至十方虛空滿足微塵。一一塵中。現十方界。現塵現界。不相留礙。名無著行。種種現前。咸是第一波羅密多。名尊重行。如是圓融。能成十方諸佛軌則。名善法行。一一皆是清淨無漏。一眞無爲。

性本然故。名眞實行。

議曰。此十行位。乃出真入俗。起假觀用。證不空藏也。以如來藏循業發現。隨染業用。故起染行。隨淨業用。故起淨行。以此藏性。具有恆沙稱性功德。向被無明障蔽。今無明既破。性德用顯。故具足無量如來妙德。不住果覺。故十方隨順。理滿心足。名歡喜行。此躡十住滿心。融成一味。生大法樂。故歡喜耳。自利功滿。能轉己功以利眾生。名饒益行。以觀眾生隨順覺性。永無違拒。名無瞋恨行。以瞋恨起於違拒故。稱法界性。不休不息。窮未來際。三世平等而無出沒。十方通達而無往來。現無盡身。度無盡生。名無盡行。佛界眾生界一界無二界。故一切合同。鑒機說法。故得無差誤。不著法相。名離癡亂行。我以妙明不生不滅合如來藏。而如來藏唯妙覺明。圓照法界。故離癡亂。是故於中。一為無量。無量為一。同中現異。異中現同。事理無礙。名善現行。於一毛端現寶王剎。坐微塵裏轉大法輪。現塵現界不相留礙。名無著行。凡所示現。無非大用現前。全彰法界。故成是第一波羅密多。名尊重行。滅塵合覺。故發真如妙覺明性。如是圓融妙行。能成十方諸佛軌則。名善法行。一切諸法會歸藏性。以事得理融。理能奪事。故一一皆是清淨無漏妙行。無思成事。稱性而行。一真無為。性本然故。名真實行。此十行位。依理發行。從體起用。涉俗利生。所謂覺所覺空。故顯證不空如來藏也。

三由中道妙觀空假互入證空不空如來藏十向

阿難。是善男子。滿足神通。成佛事已。純潔精眞。遠諸留患。當度衆生。滅除度相。迴無爲心。向涅槃路。名救護一切衆生離衆生相迴向。壞其可壞。遠離諸離。名不壞迴向。本覺湛然。覺齊佛覺。名等一切佛迴向。精眞發明。地如佛地。名至一切處迴向。世界如來。互相涉入。得無罣礙。名無盡功德藏迴向。於同佛地。地中各各生清淨因。依因發揮。取涅槃道。名隨順平等善根迴向。眞根既成。十方衆生。皆我本性。性圓成就。不失衆生。名隨順等觀一切衆生迴向。即一切法。離一切相。唯即與離。二無所著。名眞如相迴向。眞得所如。十方無礙。名無縛解脫迴向。性德圓成。法界量滅。名法界無量迴向。

議曰。此迴向位。由前涉假以入中道也。菩薩修行。迴向三處。謂迴向實際。迴向菩提。迴向衆生。以本覺出纏。遠離空有。入空不留。入有無患。故曰遠離留患。當度衆生。迴向衆生也。滅除度相。以衆生如故。本來平等。迴向實際也。迴無為心向涅槃路。迴向菩提也。以衆生即己。終日度生。不見有生可度。故名離衆生相迴向。可壞者。無明煩惱。乃雜染衆生相也。故壞其可壞。離相亦無。故曰遠離諸離。名不壞迴向。空有不住。一心清淨。寂滅湛然。故覺齊佛覺。名等一切佛迴向。寂滅心地。精真顯現。故如佛地。無往不真。名至一切處迴向。一真法界。依正互融。世界。依報也。如來。正報也。互相涉入。名無盡功德藏迴向。既依正互入。圓融交涉。通為一真。則草芥塵毛。皆是成佛真體。故云地中各各生清淨因。即此是為涅槃妙行。依佛真因。故云依因發揮。名隨順平等善根迴向。已證平等法界。則真根既成。而一切眾生純一真如。故云皆我本性。以成就自性。即是成就眾生。故云不失眾生。名隨順等觀一切眾生迴向。全理成事。事能奪理。故即一切法。全事即理。理能奪事。故離一切相。理事無礙。故二無所著。名真如相迴向。以真得所如。則無不如者。縛脫兩亡。名無縛解脫迴向。法界性德。中道圓成。唯一真心。則法界量滅。所謂空覺極圓。名法界無量迴向。此十迴向。依前十行。念念證真。心心寂滅。妙契中道。故云迴向。然雖三觀歷然。中道理顯。猶存歷別。未極一心之源。故為差別因。必須泯前修相。妙證寂滅一心平等法界。方得圓滿菩提。故須四種妙圓加行。融前四十一心以為一味。以平等難證。必用四加行。以為入地之功行。但泯前心。非離前位別有四行。故此四心為登地勝進。良有旨哉。

◎ 二出世間平等因分二

⸬ 初遣差別因相四加行分四

△ 初煖位

阿難。是善男子。盡是清淨四十一心。次成四種妙圓加行。即以佛覺。用爲己心。若出未出。猶如鑽火。欲然其木。名爲煖地。

△ 二頂位

又以己心。成佛所履。若依非依。如登高山。身入虛空。下有微礙。名爲頂地。

◎三忍位

心佛二同。善得中道。如忍事人。非懷非出。名爲忍地。

◎四世第一位

數量銷滅。迷覺中道。二無所目。名世第一地。

議曰。此四加行。為入地之勝進也。總前四十一心。通名清淨。則乾慧已真。而信非相似。明矣。將證平等一心。立四加行位者。以融前歷別修相。意在亡能所。絕對待。泯前觀智。方證一真。義當空所空滅。以其觀智難亡。故須展轉四重。離即離非。名妙圓耳。前已覺齊佛覺。即以所顯之果覺。為今入地之因心。因心已極。故云若出。觀智未忘。故云未出。有如鑽火之煗相。名為煗地。又以己因心。

成一真境界。成佛所履。但觀智似忘未忘。故云若依。其實將忘。故云非依。以法界如空無所依故。故如登高山。身雖在空。足未離地。有此微礙。名為頂地。以心境一如。故心佛二同。平等一心。故善得中道。前雖以中中流入。但任運次第見三諦理。故未為善。今圓滿一心。不思而合。故云善得。觀智將泯。故非懷。緣影未斷。故非出。名為忍地。直至一往理行斷證功夫。一切俱泯。故云數量消滅。十信尚迷為有。三賢屬覺為空。至此中道泯絕無寄。故云二無所目。方有出世世之分。名世第一地。由是而觀。足見三賢位。乃通以中道觀智。總照無明住地。任運淺深而顯。約此以明次第。殆非分斷分證者比也。

上總明差別因下明平等因

然前差別因。以屬生滅門中。對待之真如。今此十地。唯依寂滅一心建立。不屬對待。故為平等因也。

二正入平等因相分二

初有功用行分二　初列位次

阿難。是善男子。於大菩提。善得通達。覺通如來。盡佛境界。名歡喜地。異性入同。同性亦滅。名離垢地。淨極明生。名發光地。明極覺滿。名燄慧地。一切同異。所不能至。名難勝地。無爲眞如。性淨明露。名現前地。盡眞如際。名遠行地。一眞如心。名不動地。發眞如用。名善慧地。

※次結因圓

阿難。是諸菩薩。從此已往。修習畢功。功德圓滿。亦目此地名修習位。

△次無功用行

慈陰妙雲。覆涅槃海。名法雲地。

◎三結果滿

如來逆流。如是菩薩順行而至。覺際入交。名爲等覺。

議曰。此入地位。由四加行勝進功圓。會入圓覺寂滅一心。故善達菩提。覺通如來。盡佛境界。名歡喜地。差別事理因果同歸一心。同亦不立。名離垢地。法界一心。有大智慧光明義。由淨極而光通達。

故為明生。名發光地。明至極處。覺性圓滿。名燄慧地。從此差別理事同異所不能至。名難勝地。無為真如。全體顯露。故曰性淨明露。名現前地。俱生無明。名為遠行。今盡真如際。已捨藏識。名遠行地。純一真如。不假功用。永絕動搖。湛寂一心。名不動地。華嚴說此地菩薩。墮寂滅真如。不捨此定。故十方諸佛說三加七勸而拔起之。出真如定。從體起用。便能說法。居法師位。故發真如用。名善慧地。遠從乾慧以來。通名修習因位。今修習功畢。行極理圓。所謂生滅既滅。故此地收功。名修習位。結前因圓若第十地。於法性空。布慈陰雲。覆涅槃海。融前九位。通成一心。名法雲地。正寂滅現前。如來圓證一心。雖居果位。不捨因門。故逆流而出。菩薩修行。逆生死流。

順法性流。而入果海。因果相接。故曰覺際入交。名為等覺。結滿果則忽然超越世出世間入妙覺矣。

△三結指觀行圓證一心泯同果海成無上妙覺之果分二

◎初正結

阿難。從乾慧心。至等覺已。是覺始獲金剛心中。初乾慧地。如是重重單複十二。方盡妙覺。成無上道。是種種地。皆以金剛。觀察如幻十種深喻。奢摩他中。用諸如來毗婆舍那。清淨修證。漸次深入。阿難。如是皆以三增進故。善能成就五十五位眞菩提路。

◎次勸修

作是觀者。名爲正觀。若他觀者。名爲邪觀。

議曰。此結觀行。以明圓證一心。泯同果海。成無上妙覺之果也。始終乾慧二地。從古解者不一。學者難憑。但未觀佛法源頭耳。以九界眾生。因三種流。名五住煩惱。感二種生死。五住者。欲愛住地。色愛住地。無色愛住地。見一切住地。無明住地。三種流者。謂欲流。有流。無明流。前四煩惱為欲流有流。感分段生死。此在初信已斷。無明住地。名無明流。感變易生死。至佛果乃斷。今經約生死染緣。重在流字。故六根。則曰流逸奔境。返妄觀行。則曰返流全一。入流亡所。專約三種流相。以為真妄之本也。今首楞嚴大定。總名金剛如幻三昧。故下文云。是種種地。皆以金剛觀察。漸次深入。是知從初乾慧。即用金剛觀照。發心之初。志在直斷生相無明。何待等覺後心耶。以此證之。則初乾慧地。乃用金剛心。任運先斷欲有二流。出分段生死。故曰欲愛乾枯。根境不偶。現前殘質。不復續生。如澄濁水。沙土自沈。清水現前。名為初伏客塵煩惱。此明文的證也。其無明流。從入信以來。即志斷之。但無明深厚。故歷五十四位。直至等覺後心。生相無明纔乾。以此無明在觀心中斷。故曰是覺始獲金剛心中初乾慧地。五住究盡。二死永亡。無明流至此纔乾。乃入妙覺。出變易生死。所謂去泥純水。名為永斷根本無明。是則位有始終。觀無先後。以力行深淺為次耳。以此證明。決無疑矣。又何牽強多說哉。如是重重者。亦有多解。但約華嚴位位勝進。自然明了。初以三種漸次為發覺初心。圓成一心為勝進。乃入信位。位位歷別。及至第十。融成一心。入住行向。位位皆然。其四加行。又融前三賢觀智。乃入初地。前九猶是歷別因。十地融前諸位為因。窮等覺為果滿。會歸寂滅一心。乃入妙覺。故曰重重。以先歷次為單。後融一心勝進為複。蓋單十複十有二也。奢摩他。止也。毗婆舍那。觀也。天台三止三觀。正符此義。初云從是漸修。安立聖位。故此結云。如是皆以三增進故。善能成就五十五位真菩提路。觀此結文。則初乾慧地通為基本。為一位。十信至十地。為五十五。是則以前為因。以等覺為果。華嚴不立信位。唯云初發心時即得菩提。與今經從三漸次安立聖位義同。但彼圓宗。以十二因緣原是如來普光明大智願海。一念信心。即得安住。因果同時。唯說稱性法門橫周法界。故曰即得菩提。不說斷證。此經意在逆生死流。豎盡一心。故曰安立聖位。此為別耳。觀者應知。

從前請問位次。至此通顯三觀之用。約真如熏無明。以顯淨用。并圓證一心。泯同果海竟。

△四結三觀之名分二　◉初文殊請問經名

爾時文殊師利法王子。在大眾中。即從座起。頂禮佛足。而白佛言。當何名是經。我及眾生云何奉持。

◉次世尊具答五目

佛告文殊師利。是經名大佛頂悉怛多般怛囉無上寶印。十方如來清淨海眼。亦名救護親因。度脫阿難。及此會中性比丘尼。得菩提心。入偏知海。亦名如來密因。修證了義。亦名大方廣妙蓮華王。十方佛母陀羅尼呪。亦名灌頂章句。諸菩薩萬行首楞嚴。汝當奉持。

議曰。前七卷半經。說理行因果已周。修證義了。故文殊請問經名。此經以首楞嚴大定為宗。始終不離一心三觀。故結經即結觀名耳。如來具答五目。一名大佛頂等者。表此藏性具體相用三大。如題中說。故云大佛頂。梵語悉怛多般怛囉。此云白傘蓋。喻顯藏性清淨。故曰白。覆庇眾生。故如傘蓋。以實相印。印定諸法。故名寶印。大海不唯不受死屍。而草葉亦不畱也。眼裏不容纖塵。如來藏清淨真心纖塵不立。故喻如海眼。此克體相立名也。亦名救護等者。約用立名也。亦名如來等者。三世果人資為密因。若修若證。皆為究竟。故云了義。乃合體用而名也。亦名大方廣等者。謂體具三大。清淨無染。出生諸佛為大總持。此約體用勝益而名也。亦名灌頂等者。謂是法身所演。中道名言。一切因人資為萬行。總稱大定。此約觀行以名。故判此章通為結觀行之名也。佛說五名。而結集題中巧含多義。存三隱二可知。　上結三觀之名竟

從前初卷阿難啟請以來通科大開修證之門竟

⊠二曲示迷悟差別分二

由前一往開示迷悟因果。至此已周。法會已圓。即可罷座。大眾應

散。今復重興後問。以啟七趣升沈之說。五十陰魔之談者。意明迷悟之差別耳。義謂元依一心妄想。祇合熏成一類眾生。何以備有七趣升沈之狀。悟止一心。一悟便了。何有二乘魔外之差。此羣疑所潛。故有後說。七趣乃示迷中之差別。陰魔乃示悟中之差別耳。

△初精研七趣曲示迷中差別之相分三

◉初經家敘益

說是語已。即時阿難。及諸大眾。得蒙如來開示密印般怛囉義。兼聞此經了義名目。頓悟禪那。修進聖位。增上妙理。心慮虛凝。斷除三界修心。六品微細煩惱。

◉二當機啟請分三　◇初陳自益

即從座起。頂禮佛足。合掌恭敬。而白佛言。大威德世尊。慈音無遮。善開衆生微細沈惑。令我今日。身心快然。得大饒益。

◎二正陳所疑分六

◎初疑真本無妄六道從何而有

世尊。若此妙明眞淨妙心。本來徧圓。如是乃至大地草木。蠕動含靈。本元眞如。即是如來成佛眞體。佛體眞實。云何復有地獄。餓鬼。畜生。脩羅。人。天。等道。

◎二疑六道為是本有為從妄習生

世尊。此道爲復本來自有。爲是衆生妄習生起。

◎三疑妄性無體妄業如何受報

世尊。如寶蓮香比丘尼。持菩薩戒。私行婬欲。妄言行婬。非殺非偷。無有業報。發是語已。先於女根生大猛火。後於節節猛火燒然。墮無間獄。

◎四疑眾生既是無生如何生陷地獄

瑠璃大王。善星比丘。瑠璃爲誅瞿曇族姓。善星妄說一切法空。生身陷入阿鼻地獄。

◎五疑世界既無所住地獄可有定處

此諸地獄。爲有定處。爲復自然。

◎六疑妄業是同受報何以各別

彼彼發業。各各私受。

◇三結請意

惟垂大慈。發開童蒙。令諸一切持戒眾生。聞決定義。歡喜頂戴。謹潔無犯。

議曰。此呈益讚謝。復請後疑也。三界九地。每地各具思惑九品。今聞開示。實證二果。實斷下界一地前六品思惑。故曰微細煩惱。約觀行研窮俱生無明。故曰善開微細沉惑。此讚謝也。若此妙明下。總躡前義。含有六疑。據答甚明。由問位之初。乃曰妙性圓明。離諸名相。本來無有世界眾生。又云清淨本然。周徧法界。則一切皆是如來成佛真體。故此疑云。佛體真實。既本無妄。六道從何而有。此一疑也。故下答云。因彼妄見。有妄習生。二疑六道為是本來自有。

為是從妄習生起。故下答云。此等皆是自妄想業之所招引。於中含有妄想是一。何以六道不同。故下答云。因有情想不同。故有七趣升沈。三疑妄性既是無體。妄業如何受報。如寶蓮香婬業招報。故下答云。自妄所招。還自來受。四疑眾生既是無生。云何生陷地獄。如琉璃王殺業。善星妄語。墮無間獄。故下答云。非從天降。不從人與。自妄所招。五疑世界既本無住。地獄可有住處。故下答云。眾私同分。非無定處。六疑妄業既是一同。受報如何各別。故下答云。因各各私。眾私同分。以此六疑。總顯迷中差別之狀。故世尊委答。曲盡迷情。先舉答意以質問端。

◉ 三世尊曲示分二 ㊀ 初讚許

佛告阿難。快哉此問。令諸衆生。不入邪見。汝今諦聽。當爲汝說。

議曰。此讚許也。愜佛本懷。故稱快哉。

◇次開示分五　◇初通示七趣根本分三

△初約妄見妄習立內外分為三界之因

阿難。一切衆生實本眞淨。因彼妄見。有妄習生。因此分開內分外分。

△二約內外情想為染淨生死之因分二

◎初內分純染

阿難。內分即是衆生分內。因諸愛染。發起妄情。情積不休。能

生愛水。是故衆生。心憶珍羞。口中水出。心憶前人。或憐或恨。目中淚盈。貪求財寶。心發愛涎。舉體光潤。心著行婬。男女二根。自然流液。阿難。諸愛雖別。流結是同。潤溼不升。自然從墜。此名內分。

◎ 次外分兼淨

阿難。外分即是衆生分外。因諸渴仰。發明虛想。想積不休。能生勝氣。是故衆生。心持禁戒。舉身輕清。心持呪印。顧盼雄毅。心欲生天。夢想飛舉。心存佛國。聖境冥現。事善知識。自輕身命。阿難。諸想雖別。輕舉是同。飛動不沈。自然超越。此名外分。

議曰。此答七趣升沈之元也。實本清淨。本無妄也。妄見妄習。迷輪始也。約內外分而分情想。以定升沈。內分者。由自心內。愛習凝結而為情也。由內而發。故云內分。外分者。由虛想而發。自外而感。故云外分。

△三約情想多寡示七趣升沈之相分三

◎初總明生死交際之相

阿難。一切世間。生死相續。生從順習。死從變流。臨命終時。未捨煖觸。一生善惡。俱時頓現。死逆生順。二習相交。

◎二約情想多寡細示升沈之相分二

△初列示其相分六　◎初天道

純想即飛。必生天上。若飛心中。兼福兼慧。及與淨願。自然心開。見十方佛。一切淨土。隨願往生。

◎二天僊神道

情少想多。輕舉非遠。即爲飛仙。大力鬼王。飛行夜叉。地行羅剎。遊於四天。所去無礙。其中若有善願善心。護持我法。或護禁戒。隨持戒人。或護神呪。隨持呪者。或護禪定。保綏法忍。是等親住如來座下。

◎三人道

情想均等。不飛不墜。生於人間。想明斯聰。情幽斯鈍。

◎四畜道

情多想少。流入橫生。重爲毛羣。輕爲羽族。

◎五鬼道

七情三想。沉下水輪。生於火際。受氣猛火。身爲餓鬼。常被焚燒。水能害己。無食無飲。經百千劫。

◎六地獄道

九情一想。下洞火輪。身入風火二交過地。輕生有間。重生無間。二種地獄。純情即沈。入阿鼻獄。若沈心中。有謗大乘。毀佛禁戒。誑妄說法。虛貪信施。濫膺恭敬。五逆十重。更生十方阿鼻地獄。

∧二略示報地

循造惡業。雖則自招。衆同分中。兼有元地。

議曰。此備言七趣升沈之所以也。生為循情。故云順習。臨終惡業果報現前。故云變流。二習相交。謂方生方死之際。善惡殊途。升沈遂別。故純想即飛。必生天上。此純想業也。若兼福慧淨願。故生淨土。此純淨想也。若情少想多。故升為神仙之類。有護法心者。親住佛座。此亦習使然也。若情想均等。則為人類。但約情想厚薄以分智愚。若六情四想。則為毛羽羣族。七情三想。下沈水輪。受氣猛火。若八情二想。則為餓鬼。見水成火。故能害己。若九情一想。則入地獄。純情即沈阿鼻。若加謗法五逆十重。則永無出期。此三惡之狀。循造惡業自招。地獄則同受。而各有元地。非無因也。

◎三廣示七趣輪迴因果之相分二

∧ 初各示其相分七

◎ 初示地獄道因果之相分五

品 初總標十因六報

阿難。此等皆是彼諸衆生自業所感。造十習因。受六交報。

議曰。此結前起後。十因六報。詳示地獄苦狀。以顯情習之感也。造十習因。委明地獄。但約情習而言。謂習約一念妄心。而報則六根交受者。以念念妄想融涉六根。故報亦同受。如十二類。則一一類各具十二。今地獄苦報。則一習為因。六根同果。足見眾生業性不可思議。熏變之力。昭然可覩矣。十習。謂婬。貪。慢。瞋。詐。誑。怨。見。枉。訟也。論中根本煩惱六。謂貪。瞋。癡。慢。疑。邪見。此中具四。隨煩惱十。謂忿。恨。惱。覆。誑。諂。憍。害。嫉。慳。此中誑。即彼之誑。怨。枉。即該忿恨惱害四法。詐。即是諂。訟。即是覆。其憍屬慢。嫉屬瞋。慳屬貪。前四重律。謂婬殺盜三總為貪。今則單以婬為首者。是諸業之本故也。

二別釋其相分二

△初徵十習因相分十

※初婬習分四

一因能感果

云何十因。阿難。一者。婬習交接。發於相磨。研磨不休。如是故有大猛火光。於中發動。如人以手自相摩觸。煖相現前。

二舉果驗因

二習相然。故有鐵牀銅柱諸事。

三諸佛所呵

是故十方一切如來。色目行婬。同名欲火。

四行人當避

菩薩見欲。如避火坑。

議曰。此徵釋婬習為生死根。衆罪之首也。男女交接。二妄相磨。故煖相現前。此命終所現之境也。二習燒然。故果感鐵牀等事。此所感地獄苦報也。下做此。諸佛目婬為欲火。行人當避如火坑也。

※二貪習分四　一因能感果

二者。貪習交計。發於相吸。吸攬不止。如是故有積寒堅冰。於中凍冽。如人以口吸縮風氣。有冷觸生。

二舉果驗因

二習相陵。故有吒吒波波羅羅。青赤白蓮寒冰等事。

三諸佛所呵

是故十方一切如來。色目多求。同名貪水。

四行人當避

菩薩見貪。如避瘴海。

議曰。此貪通約貪著而言也。故曰於有有具。染著為性。彼此妄計貪取。故曰交計。貪取不止。故如吸攬。吸生冷觸。故感寒冰等相。陵。謂憑陵。競尚不休之意。吒波羅。忍寒之聲也。青赤白蓮。寒凍之色也。諸佛名貪為水。以沒溺故。行人當避如瘴海也。

※三慢習分四

一因能感果

三者。慢習交陵。發於相恃。馳流不息。如是故有騰逸奔波。積波爲水。如人口舌自相緜味。因而水發。

二舉果驗因

二習相鼓。故有血河灰河。熱沙毒海。融銅灌呑諸事。

三諸佛所呵

是故十方一切如來。色目我慢。名飲癡水。

四行人當避

菩薩見慢。如避巨溺。

議曰。慢有多種。此指我慢而言也。謂恃己陵他。高舉為性。自他相慢。故曰交陵。陵。乃欺侮之意。恃。謂恃己貢高。慢之不已。故曰馳流不息。故感奔波等相。彼此皆有傲慢之氣。故曰相鼓。故感灰河等事。諸佛名慢為飲癡水。溺於不明。行人當避如巨溺也。

※四瞋習分四　一因能感果

四者。瞋習交衝。發於相忤。忤結不息。心熱發火。鑄氣為金。如是故有刀山鐵橛。劍樹劍輪。斧鉞鎗鋸。如人銜冤。殺氣飛動。

二舉果驗因

二習相擊。故有宮割斬斫。剉刺槌擊諸事。

三諸佛所呵

是故十方一切如來。色目瞋恚。名利刀劍。

四行人當避

菩薩見瞋。如避誅戮。

議曰。瞋習以怒氣相加。故曰交衝。忤逆也。忤結不息。火盛而氣益剛。鑄氣為金。故感刀山等相。兩相傷刺。故曰相擊。故有宮割等事。諸佛目瞋名利刀劍。行人當避如誅戮也。

※五詐習分四

一因能感果

五者。詐習交誘。發於相調。引起不住。如是故有繩木絞校。如水浸田。草木生長。

二舉果驗因

二習相延。故有杻械枷鎖。鞭杖檛棒諸事。

三諸佛所呵

是故十方一切如來。色目奸偽。同名讒賊。

四行人當避

菩薩見詐。如畏豺狼。

議曰。詐乃誑詐。為獲利譽。矯現有德。詭詐為性。邪命為業。誑惑於人。故曰誘。曰調引。謂緣引。故感繩木絞校等相校。枷也。相延。謂纏蔓不已。故有杻械等事。如來目奸偽同名讒賊。行人當畏如豺狼也。

※六誑習分四

一因能感果

六者。誑習交欺。發於相罔。誣罔不止。飛心造姦。如是故有塵土屎尿。穢汙不淨。如塵隨風。各無所見。

二舉果驗因

二習相加。故有沒溺騰擲。飛墜漂淪諸事。

三諸佛所呵

是故十方一切如來。色目欺誑。同名劫殺。

四行人當避

菩薩見誑。如踐蛇虺。

議曰。此誑不同於詐。乃欺罔之意。謂罔冒他人諂曲為性。矯設方便。以取他意。故曰交欺相罔。以飛心造姦。故感塵土屎尿等相。以心穢惡。故感如此。相加。謂交欺也。故有沒溺騰擲等事。如來目欺名劫殺。行人當避如踐蛇虺。

※七怨習分四　一因能感果

七者。怨習交嫌。發於銜恨。如是故有飛石投礰。匣貯車檻。甕盛囊撲。如陰毒人。懷抱畜惡。

二舉果驗因

二習相呑。故有投擲擒捉。擊射拋撮諸事。

三諸佛所呵

是故十方一切如來。色目怨家。名違害鬼。

四行人當避

菩薩見怨。如飲鴆酒。

議曰。怨習。謂彼此相嫌。由銜恨而發。故感飛石投礰等相。遞相吞食。故有投擲等事。如來目怨名違害鬼。行人當避如飲鴆酒。

※八見習分四　一因能感果

八者。見習交明。如薩迦耶。見戒禁取。邪悟諸業。發於違拒。出生相反。如是故有王使主吏。證執文籍。如行路人。來往相見。

二舉果驗因

二習相交。故有勘問權詐考訊。推鞫察訪。披究照明。善惡童子。手執文簿辭辯諸事。

三諸佛所呵

是故十方一切如來。色目惡見。同名見坑。

四行人當避

菩薩見諸虛妄徧執。如臨毒壑。

議曰。此惡見也。謂於諸諦理。顛倒推度。染慧為性。能障正見。招苦為業。彼此非其明而明之。故曰交明。薩迦耶。此云惡見。此見有五。謂一身見。執我我所。二邊見。謂執斷常二邊。三邪見。謂謗無因果。四見取。非果計果。如以無想為涅槃之類。五戒禁取。謂非因計因。如外道持牛狗等戒。臥棘投灰等苦行為業。無益勤苦。故曰邪悟。以各執己見。故有王使執證等相相交。謂交哄諍論。故感勘問考訊等事。如來目見為見坑。行人見徧執者如臨毒壑。

※九枉習分四　一因能感果

九者。枉習交加。發於誣謗。如是故有合山合石。碾磑耕磨。如讒賊人。逼枉良善。

二舉果驗因

二習相排。故有押捺搥按。蹙漉衡度諸事。

三諸佛所呵

是故十方一切如來。色目怨謗。同名讒虎。

四行人當避

菩薩見枉。如遭霹靂。

議曰。枉。謂誣枉。讒謗狠戾為性。即惱害也。能障不惱。蛆螫為性。乃追懷往惡多發囂暴。兇鄙麤言。蛆螫他故。故曰交加。謂交相加害。

發於誣謗。故有合山磕石等相。以二習相排。排謂擠陷。故感押捺諸事。如來色目怨謗名為讒虎。行人見枉如遭霹靂。

※十訟習分四

一因能感果

十者。訟習交諠。發於藏覆。如是故有鑒見照燭。如於日中。不能藏影。

二舉果驗因

二習相陳。故有惡友業鏡火珠。披露宿業。對驗諸事。

三諸佛所呵

是故十方一切如來。色目覆藏。同名陰賊。

四行人當避

菩薩觀覆。如戴高山。履於巨海。

議曰。此訟習。訟其覆也。訟即是覆。謂於自作罪。恐失利譽。隱藏為性。能障不覆。損惱為業。彼覆此訟。故曰交諠。以其覆故。故有鑒見照燭等相。陳。謂陳列罪狀。故感業鏡對驗等事。如來目覆名為陰賊。行人觀覆如戴山履海。此上十習。發業為因。因必趣果。故感地獄種種苦具。且十種習。各由一念妄想而發。以此妄想融涉六根。故受苦報。六根互變。名為交報。

◎二釋六交報相分二　※初標六報總相

云何六報。阿難。一切衆生。六識造業。所招惡報。從六根出。

議曰。此徵標六交報相也。以六識總造惡業。徧熏六根。故報從六根而出。通受其苦。

※ 次釋六報別相分六　∴ 初見報分二

卍 初當根招報分三　○ 初現報

云何惡報。從六根出。一者見報。招引惡果。此見業交。則臨終時。先見猛火滿十方界。

○ 二生報

亡者神識。飛墜乘煙。入無間獄。

○ 三後報

發明二相。一者明見。則能偏見種種惡物。生無量畏。二者暗見。寂然不見。生無量恐。

卍 次六根交報

如是見火。燒聽。能爲鑊湯洋銅。燒息。能爲黑煙紫燄。燒味。能爲焦丸鐵糜。燒觸。能爲熱灰爐炭。燒心。能生星火迸灑。煽鼓空界。

議曰。此見業交。乃眼識造業。招引惡果也。易卦離為火為目。故見業交。先見猛火。方生方死之際。亡者神識。將捨煖觸。故隨見業所感之境。識從習變。乘之入無間獄。古釋極善極惡。皆無中陰。故如射箭頃。徑入地獄。以見不離明暗二塵。故發明二相。一者明見。惡境偏現。故生畏。二者暗見。寂無所見。故生恐。此本識業因下明六交報果。本識見火。能燒當根。經文缺也。聞根屬水。故為鑊湯洋銅。鼻息為氣。故為煙燄。味觸二塵。以報舌身。心屬火。故星火熵空。此由見火交燒。五根各隨塵習而變諸苦具。此業為不可思議也。下倣此。

△二聞報分二　卍　初當根招報分三

○初現報

二者聞報。招引惡果。此聞業交。則臨終時。先見波濤沒溺天地。

○二生報

亡者神識。降注乘流。入無間獄。

○三後報

發明二相。一者聞聽。聽種種鬧。精神愁亂。二者閉聽。寂無所聞。幽魄沈沒。

卍 次六根交報

如是聞波。注聞。則能爲責爲詰。注見。則能爲雷爲吼。爲惡毒氣。注息。則能爲雨爲霧。灑諸毒蟲。周滿身體。注味。則能爲膿爲血。種種雜穢。注觸。則能爲畜爲鬼。爲糞爲尿。注意。則能爲電爲雹。摧碎心魄。

議曰。此聞業交。耳識造業。招引惡果也。易卦坎為水為耳。故聞業先見波濤。神識乘流。識從習變也。聞以開聽為用。故閉則無聞。聞注當根。變為詰責之聲。見火聞水相激。若陰陽相激而為雷吼。水被火蒸。故為惡毒氣。水隨氣變。故注息為雨霧毒蟲。膿血糞尿。皆習所變也。水火相激。故為電雹。

⛬ 三齅報分二　卍　初當根招報分三

○ 初現報

三者齅報。招引惡果。此齅業交。則臨終時。先見毒氣充塞遠近。

○ 二生報

亡者神識。從地踊出。入無間獄。

○ 三後報

發明二相。一者通聞。被諸惡氣。熏極心擾。二者塞聞。氣掩不通閎絕於地。

卍 次六根交報

如是鼽氣。衝息。則能爲質爲履。衝見。則能爲火爲炬。衝聽。則能爲沒爲溺。爲洋爲沸。衝味。則能爲餒爲爽。衝觸。則能爲綻爲爛。爲大肉山。有百千眼。無量咂食。衝思。則能爲灰爲瘴。爲飛沙礰擊碎身體。

議曰。此鼽業交。鼻識招引惡果也。鼻主出入息。故先見毒氣。鼻為土。故識從地踊。鼻由通塞取境。故通聞毒氣。塞則氣掩。鼽衝當根。則為質履質。礙塞也。履。猶通也。氣衝見火。則為炬。氣衝聞水。則為沒溺洋沸之聲。氣衝味。則變敗為餒為爽。魚敗曰餒。爽。失其味也。衝觸。則為綻爛肉山。合觸塵也。脾土主思。故為飛沙等事。

∴四味報分二　卍　初當根招報分三

○初現報

四者味報招引惡果。此味業交。則臨終時。先見鐵網猛燄熾烈。周覆世界。

○二生報

亡者神識。下透掛網。倒懸其頭。入無間獄。

○三後報

發明二相。一者吸氣。結成寒冰。凍冽身肉。二者吐氣。飛爲猛火。焦爛骨髓。

卍 次六根交報

如是嘗味歷嘗。則能爲承爲忍。歷見。則能爲然金石。歷聽。則能爲利兵刃。歷息。則能爲大鐵籠。彌覆國土。歷觸。則能爲弓爲箭。爲弩爲射。歷思。則能爲飛熱鐵。從空雨下。

議曰。此味業交。舌識招引惡果也。舌根不但取味。而妄語。綺語。兩舌。惡口。或謗三寶。毀汙賢善等。其業最廣大。故感報亦甚。故臨終先見鐵網猛燄等相。神識乘之入無間獄。舌以吸吐二習。吸則取味。吐則發語。故吸則為寒冰等。吐則為猛火等。歷當根。為承為忍。以惡語傷人。令他承忍。故報亦如之。歷見。為然金石。以見火鑄氣為金。金得水淬而更利。故歷聞為利刃。非語乘氣籠絡於人。故歷息為鐵籠。利舌傷觸於人。故歷觸為弓箭等事。由意造姦。而飛語橫發。故飛鐵從空雨下。

⛬ 五觸報分二　卍 初當根招報分三

○ 初現報

五者觸報。招引惡果。此觸業交。則臨終時。先見大山。四面來合。無復出路。

○ 二生報

亡者神識。見大鐵城。火蛇火狗。虎狼師子。牛頭獄卒。馬頭羅剎。手執鎗矟。驅入城門。向無間獄。

○ 三後報

發明二相。一者合觸。合山逼體。骨肉血潰。二者離觸。刀劍觸身。心肝屠裂。

卍　次六根交報

如是合觸。歷觸。則能爲道爲觀。爲廳爲案。歷見。則能爲燒爲爇。歷聽。則能爲撞爲擊。爲剚爲射。歷息。則能爲括爲袋。爲考爲縛。歷嘗。則能爲耕爲鉗。爲斬爲截。歷思。則能爲墜爲飛。爲煎爲炙。

議曰。此觸業交。身識招引惡果也。以眾生妄識。堅執四大為我。依之造業。故臨終先見大山四面來合。向未離身。故死無出路。以身為眾惡所歸。故神識乘鐵城眾多惡事。入於地獄。觸由離合二塵。

故合則合山逼體。離則刀劍觸身。歷觸當根。為道觀等者。以生依此身如房舍故。歷見。則為火燒爇。見屬火故。歷聽。則撞擊而有聲。剸。以刀刺入肉也。以聞聲即動觸想。故為剸射。以息充一身。故為括袋考縛等事。歷嘗。能為耕鉗斬截者。以味充舌。為滋觸故。歷思。為飛墜煎炙者。以妄想一動。徧身火然。隨因感果。宜其然矣。

六思報分二　卍　初當根招報分三

○初現報

六者思報。招引惡果。此思業交。則臨終時。先見惡風吹壞國土。

○二生報

亡者神識。被吹上空。旋落乘風。墮無間獄。

發明二相。一者不覺。迷極則荒。奔走不息。二者不迷。覺知則苦。無量煎燒。痛深難忍。

○三後報

卍次六根交報

如是邪思結思。則能爲方爲所。結見。則能爲鑒爲證。結聽。則能爲大合石。爲冰爲霜。爲土爲霧。結息。則能爲大火車。火船火檻。結嘗。則能爲大叫喚。爲悔爲泣。結觸。則能爲大爲小。爲一日中萬生萬死。爲偃爲仰。

議曰。此思業交。意識招引惡果也。六識以緣氣集聚。妄想如風。故臨終見風。乘入地獄。思以生滅二塵。迷覺約根。迷無所止。故荒走不息。覺則明了。故知苦痛。思歷當根。生以妄想為心地。故能為方所歸向之地。思發知見。故為鑒證。思土聽水。故為冰霜土霧。思以籠冒。息氣成火。故結為火車等。思由舌發聲。故為叫喚等。思執根身。故為生死偃仰等。是六交報。皆以不思議業力之所熏變。唯佛眼能見。非凡情妄識所知。故唯心所變。地獄苦具。不可解者甚多。但約義據理而言。非真知見力也。總屬自心所現。非心外法。故下文云。若悟菩提。則本無所有。凡在迷情。可不畏哉。

㊂ 三結示所由

阿難。是名地獄十因六果。皆是衆生迷妄所造。

議曰。此總結妄業。由迷情有也。

⊞ 四校量輕重分三　△ 初六根同造

若諸衆生。惡業同造。入阿鼻獄。受無量苦。經無量劫。

△ 二六根各造

六根各造。及彼所作兼境兼根。是人則入八無間獄。

△ 三三業分造分三　※ 初三業兼造

身口意三。作殺盜婬。是人則入十八地獄。

※ 二三業不兼

三業不兼。中間或爲一殺一盜。是人則入三十六地獄。

※ 三六根獨造

見見一根。單犯一業。是人則入一百八地獄。

五結答略問

由是衆生。別作別造。於世界中。入同分地。妄想發生。本非來有。

議曰。此示因果輕重之次也。同造。謂十因六報具足也。六根各造。謂先後不一。單兼一根一境。則輕次前。若身口意三根。唯造殺盜婬三業。餘不兼涉。則又輕次前。若於三業唯造二。不兼餘。則又輕次前。若一根獨造。單犯一業。則又輕次前。見見。(長水音現)謂六根唯一造一業。不兼餘也。以不相涉。故云見見。別作別造。謂各各私造也。其業是同。故感同分獄。由前問云。為是本有。為是造成。故此結云。皆是妄想發生。非本來有。

上顯十因六報之狀　下示輪迴之相

◎二示鬼道因果之相分三

初標示因果總相

復次阿難。是諸衆生。非破律儀。犯菩薩戒。毀佛涅槃。諸餘雜業。歷劫燒然。後還罪畢。受諸鬼形。

議曰。此從地獄出。復受鬼形。以顯輪迴之狀也。前十習因所感地獄。若但由習。則報盡可出。若非破律儀等。則其苦更長。故復受鬼形。非破律儀。破比丘戒也。犯菩薩戒。則破大乘性戒也。毀佛涅槃。謂一闡提。斷佛種性也。此斷善根。受苦時長。故復受鬼類。

上總標下別列

二別示因果別相分十　初貪習

若於本因。貪物爲罪。是人罪畢。遇物成形。名爲怪鬼。

二婬習

貪色爲罪。是人罪畢。遇風成形。名爲魃鬼。

三詐習

貪惑爲罪。是人罪畢。遇畜成形。名爲魅鬼。

四怨習

貪恨爲罪。是人罪畢。遇蟲成形。名蠱毒鬼。

五瞋習

貪憶爲罪。是人罪畢。遇衰成形。名爲厲鬼。

△六慢習

貪慠爲罪。是人罪畢。遇氣成形。名爲餓鬼。

△七誑習

貪罔爲罪。是人罪畢。遇幽爲形。名爲魘鬼。

△八見習

貪明爲罪。是人罪畢。遇精爲形。名魍魎鬼。

△九枉習

貪成爲罪。是人罪畢。遇明爲形。名役使鬼。

△十訟習

貪黨爲罪。是人罪畢。遇人爲形。名傳送鬼。

三結示因由分二　初結升墜因由

阿難。是人皆以純情墜落。業火燒乾。上出爲鬼。

次結答有無所以

此等皆是自妄想業之所招引。若悟菩提。則妙圓明。本無所有。

議曰。此貪習也。所貪者物。故附物成形。以巧計而取。故為鬼猶怪。婬習貪色。以婬心欲火。故遇風成形。名為魃鬼。旱鬼也。詐習惑人。名為貪惑。故遇畜成形。即狐狸精魅。現美色以惑人。故為魅鬼。怨習懷恨。故為貪恨。恨積惡毒。故遇蟲成形。如蛇虺蝮蝎。以毒傷人。故為蠱毒鬼。瞋習懷恚不忘。故為貪憶。乘虛而入。故遇災衰成形。名為厲鬼。即瘟疫時病瘧症。皆此鬼作也。慢習陵人傲物。故為貪傲。憍矜恃氣。故遇氣成形。空腹高心。故為餓鬼。誑習罔冒欺人。故為貪罔。暗昧良心。故遇幽成形。魘惑寐者。故為魘鬼。見習妄執邪見。以為明悟。故為貪明。遇精明處。即附成形。如山靈木石之精。名魍魎鬼。以見逐光影。故鬼亦似有若無。枉習搆架無辜。以成有罪。故為貪成。以精思求過。故遇明成形。勞役心神。故為役使鬼。即擔沙負石之鬼。訟習黨護己罪。彼此相訟。故為貪黨。因人造姦。故遇人成形。發人隱惡。名傳送鬼。即巫師之類。訐露陰事。以上十因所招地獄。純情墜落。業火燒盡。餘習未盡。故出而為鬼。皆是妄業招引。妙圓心中本無此事。蓋由迷情所感之妄相耳。

◎三示畜生道因果之相分三

初標示因果總相

復次阿難。鬼業既盡。則情與想。二俱成空。方於世間。與元負人。怨對相值。身爲畜生。酬其宿債。

二列示因果別相分十　初貪習

物怪之鬼。物銷報盡。生於世間。多爲梟類。

二婬習

風魃之鬼。風銷報盡。生於世間。多爲咎徵一切異類。

三詐習

畜魅之鬼。畜死報盡。生於世間。多爲狐類。

△四怨習

蟲蠱之鬼。蠱滅報盡。生於世間。多爲毒類。

△五瞋習

衰癘之鬼。衰窮報盡。生於世間。多爲蛔類。

△六慢習

受氣之鬼。氣銷報盡。生於世間。多爲食類。

△七誑習

緜幽之鬼。幽銷報盡。生於世間。多爲服類。

△八見習

和精之鬼。和銷報盡。生於世間。多爲應類。

△九枉習

明靈之鬼。明滅報盡。生於世間。多爲休徵一切諸類。

△十訟習

依人之鬼。人亡報盡。生於世間。多爲循類。

▣三結示因由分三

△初結示輪迴因由

阿難。是等皆以業火乾枯。酬其宿債。傍爲畜生。

△二結答有無所以

此等亦皆自虛妄業之所招引。若悟菩提。則此妄緣。本無所有。

△三牒示問意

如汝所言寶蓮香等。及瑠璃王。善星比丘。如是惡業。本自發明。非從天降。亦非地出。亦非人與。自妄所招。還自來受。菩提心中。皆爲浮虛妄想凝結。

議曰。此從鬼道出為畜生類也。以情多少之不一。故沈地獄之不同。地獄罪畢。復出為鬼。既經苦趣。則情想之業。二皆報盡。故曰俱空。但怨債未忘。以身酬值。故為畜生。亦因本習。各從其類。且如貪習為怪鬼。畜為梟類。以食他物而為己有。故土梟附塊為兒。習使然也。物能害己。故梟子食母。業使然也。婬習為魃鬼。婬為病徵。故餘習出為咎徵。如商羊舞水。江豚拜風之類。詐習魅鬼。而為狐類。狐能魅人。亦餘習也。怨習蠱鬼。而為毒類。如蛇蝎等。瞋習厲鬼。乘衰入身。而為蟯蛔。慢習餓鬼。往受飢虛。故為食類。以充人腹。誑習為魘昧之鬼。因誑罔冒於人。虛飾外儀。故為服類。凡畜物皮毛可為服飾。或驢騾馬等可乘服者。皆其類也。見習魍魎。名和精鬼。和雜精明而為鬼也。畜為應類。即應節序而先鳴者。預知先報。蓋見習也。枉習役使之鬼。託明以生。名明靈鬼。畜為休徵之類。休。美也。休徵。乃美事之先見者。即麟鳳之類。如吏勵精圖治。窮詰民情而為明。所謂神明之宰。皆其類也。訟習為傳送。故名依人之鬼。即世健訟。能起滅訟事。一向因人。故鬼為傳送。畜為循類。即人所畜養。貓犬之類。專愛依人。習使然也。此十畜類。皆以業火乾枯。酬償宿債而為畜生。皆妄業所招。若悟菩提。則此三惡道。本無所有。如汝所言。寶蓮瑠璃善星等業。皆自心發明。元非天降人與。乃自妄作其因。自受苦果。於菩提心中。皆妄想凝結耳。可不哀哉。

◎ 四示人道因果之相分三

初標示因果總相分二 △ 初示因果酬償

復次阿難。從是畜生。酬償先債。若彼酬者。分越所酬。此等衆生。還復為人。反徵其剩。如彼有力。兼有福德。則於人中不捨人身。酬還彼力。若無福者。還為畜生。償彼餘直。

△ 二示輪迴不已

阿難當知。若用錢物。或役其力。償足自停。如於中間殺彼身命。或食其肉。如是乃至經微塵劫。相食相誅。猶如轉輪。互爲高下。無有休息。除奢摩他。及佛出世。不可停寢。

議曰。此言畜生酬足。復生人類。蓋三惡報盡。而幸生為人。非善業所感也。故首論酬償先債。然債非獨殺盜。而十習因中皆有負債之義。其貪詐等。皆以邪命自活。妄取他財。豈非夙負。故畜生類中。總言償債。償足而止。言酬越過分者。謂或多售其價。過用其力。或過貪其味。挫糜其身。皆為過越。使彼含冤。必返徵其剩。此其所以輪迴不已也。如彼有力。即於人中酬償者。如不孝敗家之子弟。狐媚騙財之朋友。與夫劫賊官訟之類。令其破產蕩財。皆往業所招。非無因也。又若負錢物。而以身償還。如值而止。若更殺其身。而食其肉。皆為過也。故相食相誅。輪轉不已。自非禪定之力。及遇佛懺悔。決無停寢之日也。

△二列示因果別相分十　△初貪習

汝今應知。彼梟倫者。酬足復形。生人道中。參合頑類。

△二婬習

彼咎徵者。酬足復形。生人道中。參合異類。

△三詐習

彼狐倫者。酬足復形。生人道中。參於庸類。

△四怨習

彼毒倫者。酬足復形。生人道中。參合狠類。

△五瞋習

彼蛔倫者。酬足復形。生人道中。參合微類。

△六慢習

彼食倫者。酬足復形。生人道中。參合柔類。

△七誑習

彼服倫者。酬足復形。生人道中。參合勞類。

△八見習

彼應倫者。酬足復形。生人道中。參於文類。

△九枉習

彼休徵者。酬足復形。生人道中。參合明類。

△十訟習

彼諸循倫。酬足復形。生人道中。參於達類。

▲三結示輪迴之相

阿難。是等皆以宿債畢酬。復形人道。皆無始來。業計顛倒。相生相殺。不遇如來。不聞正法。於塵勞中。法爾輪轉。此輩名爲可憐愍者。

議曰。此列十種酬償人類也。梟本貪習。從怪鬼出。今幸為人。參合頑類。頑。謂頑嚚無知也。以因地多貪而性愚癡。故今為顓蒙無知之類。言參合者。參。預也。合。混為一也。謂人中愚頑。自有本因。今從鬼畜而來。得參預混合而為人。意蓋謂雖得人身而似非分也。咎徵本婬習。從魃鬼出。以多婬者。邪心苟合。故參異類。狐本詐習。從畜魅鬼出。參於庸類。謂庸鄙自用。由詐習欺人。故今返習庸鄙也。毒本怨習。從蟲毒鬼出。故參合狠類。以怨天尤人。而不揣己習使然也。蛔本瞋習。從厲鬼出。參合微類。微者眇賤。不為人所齒錄也。以瞋陵毒於人。故感報微眇。食本慢習。從餓鬼出。慢習貢高。故感柔怯。以食類為強所陵。故為人亦柔怯。服本誑習。從魘鬼出。以因勞苦役力。故人亦為勞形治生之類。應本見習。從和精鬼出。而人為文類。此文非大名家。蓋小有才情動止可觀者耳。休徵本於枉習。從明靈鬼出。故人參明類。此世智聰明。非明智也。訟習從傳送鬼出。而人為達類。此非達者之達。乃通達世情。以訟習主刁詞起滅。鬼為傳送。發人禍福。故人參達類。習使然也。此上十類。非正因為人。故皆云參合。乃三途餘業。酬畢復形。各從習類。實業計顛倒耳。以未聞正法。法爾輪轉。此輩名為可憐愍者。

上人趣畢

◎五示仙道因果之相分三

初標示因果總相

阿難。復有從人。不依正覺修三摩地。別修妄念。存想固形。遊於山林人不及處。有十種仙。

議曰。此標仙趣也。仙道亦因修得。以不依正覺修三摩地。但依妄念。存想固形。所謂修長生者。各從其術而有十種。

二列示因果別相分十　△　初地行仙

阿難。彼諸衆生。堅固服餌而不休息。食道圓成。名地行仙。

議曰。此地行仙。因服餌所成。謂服藥餌。以此養形而得壽考。行不離地。為地行仙。

△　二飛行仙

堅固草木而不休息。藥道圓成。名飛行仙

議曰。此飛行仙。因餐松噉柏黃精芝朮之類。服久身輕而得飛舉。非吸風飲露者比。

△　三遊行仙

堅固金石而不休息。化道圓成。名遊行仙。

議曰。此遊行仙。乃煉丹沙。點化五金八石。遊戲人間。故曰化道。名遊行仙。

△四空行仙

堅固動止而不休息。氣精圓成。名空行仙。

議曰。此空行仙。常消息陰陽之候。以子午卯酉為運氣工夫。故云動止。久而身輕蟬脫。名空行仙。

△五天行仙

堅固津液而不休息。潤德圓成。名天行仙。

議曰。此天行仙。因鼓天池津液。吐故納新。日久功成。如八洞神仙之類。能謁天帝。故曰天行仙。

◎ 六通行仙

堅固精色而不休息。吸粹圓成。名通行仙。

議曰。此通行仙。乃吞日精月華。呼吸導引。久而壽永心通。名通行仙。

◎ 七道行仙

堅固呪禁而不休息。術法圓成。名道行仙。

議曰。此道行仙。因持呪禁符術而得成功。如天師之類。名道行仙。

此道乃禁術。非大道也。

◎ 八照行仙

堅固思念而不休息。思憶圓成。名照行仙。

議曰。此照行仙。以存想丹田泥丸為命元。如莊子曰。泥垣之審為淵。名照行仙。非慧照也。

△九精行仙

堅固交遘而不休息。感應圓成。名精行仙。

議曰。此精行仙。謂固守精氣。陰陽交媾。如嬰兒姹女之類。胎息存形。名精行仙。

△十絕行仙

堅固變化而不休息。覺悟圓成。名絕行仙。

議曰。此絕行仙。乃習出陽神。改形易質。往來自由。故曰變化。久而心通。故曰覺悟。餘仙之所不及。故曰絕行仙。

三結示輪迴之相分二　初揀不解真修

阿難。是等皆於人中鍊心。不修正覺。別得生理。壽千萬歲。休止深山。或大海島。絕於人境。

次示輪迴根本

斯亦輪迴妄想流轉。不修三昧。報盡還來。散入諸趣。

議曰。此結仙趣也。以此仙趣。乃人中鍊心。別得生理。故勝於人。壽千萬歲。故不如天。不修正覺。故曰妄想流轉。報盡墮落。故散入諸趣。以非天非人。故別列此趣。　上仙趣畢

◎六示天道因果之相分二

初通示三界因果之相分三

△初欲界六天分二

※初列示器界因果之相分六　初四天王

阿難。諸世間人。不求常住。未能捨諸妻妾恩愛。於邪婬中。心不流逸。澄瑩生明。命終之後。鄰於日月。如是一類。名四天王天。

議曰。此後言天趣也。三界中先從欲界。六欲天始於四王也。忉利已下。名地居天。未離飲食男女之欲。但因重輕為六天之次。皆不知修禪。正以十善之因所感耳。四王居須彌山腰。鄰日月宮。四面居之。為護世四王。此經論天。不說十善。單以婬欲一事為本。從經所宗也。四王有正妻妾。恩愛未捨。但不邪婬。故感生此天。

二忉利天

於己妻房。婬愛微薄。於淨居時。不得全味。命終之後。超日月明。居人間頂。如是一類。名忉利天。

議曰。此忉利。云三十三天。乃地居頂天。稱帝釋天。居須彌頂中。四方各統八天。故云三十三。以欲氣麤濁。故欲薄則上升。此天雖有妻房而婬愛微薄。即淨居時不得全味。有微愛故。人中愛薄。即感生此天。日月在下。故超日月明。

三夜摩天

逢欲暫交。去無思憶。於人間世。動少靜多。命終之後。於虛空中。朗然安住。日月光明。上照不及。是諸人等自有光明。如是一類。名須燄摩天。

議曰。此欲界第三。空居第一天也。須燄摩。此云時分。此天無日月光。而有身光。以蓮華開合為晝夜。由昔人中欲氣漸薄。故感生此天。逢欲暫交。未離欲也。去無思憶。無愛心也。不馳欲境。故動少欲淡。心清。故靜多。身心不染而無穢濁。故朗然空居。自有光明。

△四兜率天

一切時靜。有應觸來。未能違戾。命終之後。上升精微。不接下界諸人天境。乃至劫壞。三災不及。如是一類。名兜率陀天。

議曰。此欲界第四天也。兜率。此云知足。有內院外院。外院。乃實報天人所居。內院。乃彌勒一生補處為主。其在釋迦末法弘法菩薩。

及修行發願待彌勒下生助揚法化者居之。以婬機不動。故一切時靜。未能息機。故應觸不違。以行勝前。故云上升精微。然三災壞至三禪。而此云不壞者。蓋指內院而言也。

五化樂天

我無欲心。應汝行事。於橫陳時。味如嚼蠟。命終之後。生越化地。如是一類。名樂變化天。

議曰。此欲界第五天也。以樂變化五欲之境而自受用。故得此名。我無欲心。婬機已息也。而欲境橫陳。在彼有心。在我無味。故如嚼蠟。則至淡也。越者。超也。言在人中。能有此行。則徑生此天。不歷下位。故云越也。化地。即此天。

六他化天

無世間心。同世行事。於行事交。了然超越。命終之後。徧能出超化無化境。如是一類。名他化自在天。

議曰。此欲界第六天也。無世間心。同世行事。故全無欲也。以未離世緣。故云於行事交。非言欲事。蓋與妻妾相接。而中心了無相干。故云超越。若言猶與欲交。則非此天之行也。俱舍云。六受欲交抱。執手笑視婬。但目視而已。豈有交耶。化。謂第五天。無化。謂下四天。超者。謂由人中徑生此天也。此天受用。乃他所變化。故云他化自在。

※二總結當界得名

阿難。如是六天。形雖出動。心迹尚交。自此已還。名爲欲界。

議曰。此結欲界天名也。人趣欲穢雜亂。心多動搖。而天已離人。故云出動。言心迹尚交者。蓋約六天通相而言也。其實麤細不同。非可例觀也。以未出欲。故通名欲界。　上欲界六天竟

大佛頂首楞嚴經通議卷第八

大佛頂如來密因修證了義諸菩薩萬行首楞嚴經通議卷第九

唐天竺沙門般刺密帝譯
烏萇國沙門彌伽釋迦譯語
菩薩戒弟子清河房融筆受
明南嶽沙門憨山釋德清述

△二色界四禪天分二

※初列示當界因果之相分四

⛬初禪三天分二

卍初列示其相分三　○初梵眾天

阿難。世間一切所修心人。不假禪那。無有智慧。但能執身不行婬欲。若行若坐。想念俱無。愛染不生。無留欲界。是人應念身爲梵侶。如是一類。名梵衆天。

議曰。此下色界四禪十八梵天也。梵者淨也。以此諸天。不知真修無漏。但修欣厭禪。謂厭下苦麤障。欣上淨妙離。名欣厭定。以為正因。此經專依斷婬而為次第。未得真修。故云不假禪那。無有智慧。但能執身不行婬欲而已。若婬心不動。於一切時想念俱無。愛染不生。謂不起愛心。已伏欲界惑。故無留欲界。身為梵侶。名梵眾天。此梵民也。

○二梵輔天

欲習既除。離欲心現。於諸律儀。愛樂隨順。是人應時能行梵德。如是一類。名梵輔天。

議曰。此初禪第二天也。愛染已斷。故云欲習既除。初禪定心顯現。故云離欲心現。此結上行也。於定共戒。愛樂隨順。防護不失。淨戒成就。能輔梵主。名梵輔天。此梵臣也。此上二天。修禪尚有尋伺。

○三大梵天

身心妙圓。威儀不缺。清淨禁戒。加以明悟。是人應時能統梵衆。爲大梵王。如是一類。名大梵天。

議曰。此初禪第三天也。禪觀轉勝。受生微妙。故云妙圓。戒德已成。故云威儀不缺。結上行也。定能發慧。故云加以明悟。此則慧解超勝。故能統眾而為梵王。俱舍云。威德光明。獨一而住。無尋無伺定力所感。劫成先來。外道不知。遂執為常。謂能生人。為世間主。

卍 三結示當天得名

阿難。此三勝流。一切苦惱所不能逼。雖非正修眞三摩地。清淨心中。諸漏不動。名爲初禪。

議曰。此結德立初禪名也。已離欲界八苦。故云苦不能逼。以欣厭伏惑。故云非真三昧。已離欲染。故心清淨。已離欲散麤動。故云諸漏不動。初禪論名離生喜樂地。初禪有五支。謂覺。觀。喜。樂。一心。以初心入禪。名覺。細心分別禪味。名觀。忻慶心生。名喜。忻悅心生。名樂。心與定一。名一心。已離欲界雜惡。心得輕安。此初禪行相也。

二二禪三天分二 卍 初列示其相分三

○ 初少光天

阿難。其次梵天。統攝梵人。圓滿梵行。澄心不動。寂湛生光。如是一類。名少光天。

議曰。此二禪初天也。此天主梵。故云統攝。具戒定慧。故云圓滿梵行。結上行也。此天定心增明。故云澄心不動。定光發越。故云寂湛生光。此天已離覺觀。無有語言。但以定心發光。以光勝劣分位次。喜相初生。慧光初發。故名少光。

○ 二無量光天

光光相然。照耀無盡。映十方界。徧成瑠璃。如是一類。名無量光天。

議曰。此二禪第二天也。從前少光。心光漸勝。故云光光相然。以境隨光淨。徧成瑠璃。光隨定徧。名無量光。

○三光音天

吸持圓光。明就教體。發化清淨。應用無盡。如是一類。名光音天。

議曰。此二禪第三天也。此天已離語言。光能說法。故云吸持圓光以為教體。但見光明。心即了悟。宣流淨行。故云發化清淨。隨機開演。故云應用無盡。以二禪無前五識。但用光明而為表詮。以光為音。名光音天。

卍 二結示當天得名

阿難。此三勝流。一切憂懸所不能逼。雖非正修眞三摩地。清淨心中。麤漏已伏。名爲二禪。

議曰。此結德二禪天名也。已超欲界。故云勝流。極喜調適。名定生喜樂地。故一切憂懸所不能逼。雖非真修。離欲心中欲染麤漏。至此已伏。名為二禪。此天有四支。謂內淨。喜。樂。一心。以心無覺觀之渾濁。故云內淨。忻心自慶。名喜。恬然靜慮。名樂。澄心不動。名一心。

三三禪三天分二　卍 初列示其相分三

○ 初少淨天

阿難。如是天人。圓光成音。披音露妙。發成精行。通寂滅樂。如是一類。名少淨天。

議曰。此三禪初天也。圓光成音。乃前天行相也。以光為教體。表詮妙理。今披光音。顯發微妙。故云露妙。以所顯理發為妙行。故云發成精行。滅前喜相而生妙樂。故云通寂滅樂。初入此定。故名為通。始得此樂。故名少淨。

○二無量淨天

淨空現前。引發無際。身心輕安。成寂滅樂。如是一類。名無量淨天。

議曰。此三禪第二天也。離諸喜動。不著樂相。故云淨空現前。樂隨定徧。故云引發無際。徹意地樂。故云成寂滅樂。名無量淨天。

○ 三徧淨天

世界身心。一切圓淨。淨德成就。勝託現前。歸寂滅樂。如是一類。名徧淨天。

議曰。此三禪第三天也。前雖徹意地樂。止在身心。未名為徧。今則徧於依正。世界身心無處不徧。故云一切圓淨。殊勝妙樂。以成淨德。故云淨德成就。即此妙樂。是所託處。已證此樂。故云歸寂滅樂。名徧淨天。

卍 二結示當天得名

阿難。此三勝流。具大隨順。身心安隱。得無量樂。雖非正得眞

三摩地。安隱心中。歡喜畢具。名為三禪。

議曰。此結德三禪名也。已離憂喜。隨順勝定。故云具大隨順。得無量樂。隨順自在。樂極於此。純一無雜。故名畢具。故此三禪。名離喜妙樂地。此有五支。謂捨。念。慧。樂。一心。捨二禪之喜。名捨。愛念三禪。名念。善巧解慧。名慧。愛樂安快。名樂。愛樂心息。名一心。

∴ 四四禪九天分二

卍 初列示當界因果之相分二

○ 初當界凡夫四天分二　∴ 初列相分二

卍 初凡夫天分三　◇ 初福生天

阿難。復次天人。不逼身心。苦因已盡。樂非常住。久必壞生。苦樂二心。俱時頓捨。麤重相滅。淨福性生。如是一類。名福生天。

議曰。此四禪共有九天。今初天也。然此地本唯三天。於廣果中。別開無想。名外道天。其五不還天。乃三果聖流所居。又是一類。故有九天。而分三種。其福生等三。乃凡夫所感實報天也。復次下五句。別前生後也。俱舍論說第四禪離八災患者。謂尋。伺。苦。樂。憂。喜。及出入息。為八患也。又不為三災所動。故云不動地。今云不逼。即離前位苦也。苦因下。釋不逼之所以。謂尋伺憂喜等。是苦之因。今既離之。故無逼迫。樂非常住者。別明樂支。前第三禪。雖得徹意地樂。樂必有壞。故非常住。壞即成苦。故云苦生。苦樂下。正明此天苦樂俱捨。以一一地。皆云厭下苦麤障。欣上妙淨離。厭下苦樂。故云麤重相滅。欣上妙定。故云淨福性生。以離下染。故云淨福。

◇ 二福愛天

捨心圓融。勝解清淨。福無遮中。得妙隨順。窮未來際。如是一類。名福愛天。

議曰。此四禪第二天也。以捨諸苦樂等法。唯一捨心。與定心圓融。於捨心中決定忍可。不為異緣引轉。故云勝解清淨。由勝解力。於圓融定中。愛樂隨順。得無留礙。受用無窮。故云得妙隨順。窮未來際。問。此有漏禪。壽命有限。何得窮未來際耶。答。此約得定。壽報長遠。動經劫數。言窮未來。非真無盡未來也。

◇ 三廣果天

阿難。從是天中。有二岐路。若於先心。無量淨光。福德圓明。修證而住。如是一類。名廣果天。

議曰。此四禪第三天也。於福愛天中。分二岐路。一直往道。即至廣果。二迂曲道。即至無想。此標也。若於下。釋相。若從發心以來。不帶異計。直修根本四禪。離前地染。故云無量淨光。備歷四位。至此福愛更增勝定。故云福德圓明。廣德所感。名廣果天。

卍 次無想外道一天

若於先心。雙厭苦樂。精研捨心。相續不斷。圓窮捨道。身心俱滅。心慮灰凝。經五百劫。是人既以生滅爲因。不能發明不生滅性。初半劫滅。後半劫生。如是一類。名無想天。

議曰。此四禪第四無想天也。從福愛分出。乃外道天。以修四禪帶有異計。故感報此天。由前欣厭不已。故云精研捨心。相續不斷。至福愛天。徧窮捨道。故云圓窮。捨心既亡。身心亦泯。故云俱滅。計此無想為涅槃也。心慮下。無想報也。無想天壽五百大劫。想心不行。故云灰凝。是人下。判成虛妄也。謂此天人初由不了不生滅心。唯以欣厭勞累。是以生滅為因也。但見六識暫爾不行。如冰夾魚。不知微細生滅。妄謂涅槃。故云不能發明無生滅性。初半劫下。釋彼報行相。準俱舍引婆沙論。釋彼生死位中。多劫有想。初生此天。經於半劫。始入無想異熟。名初半劫滅。至無常時。從異熟出。最後半劫復有心生。後始方死。名後半劫生。中間一向無想。名無想天。

△次結名

阿難。此四勝流。一切世間諸苦樂境。所不能動。雖非無爲眞不動地。有所得心。功用純熟。名爲四禪。

議曰。此結德四禪四天名也。此天離八災患。勝前地故。名不動地。以有劫數。壽盡還捨。故云非眞不動。俱舍云。然彼器非常。情俱生滅。凡夫修定。味著受生。名有所得。以定慧均等。能捨苦樂。名功用純熟。前三乃實報凡夫。此名外道天。

○次凡聖同居五天分三　△初總標因果總相

阿難。此中復有五不還天。於下界中九品習氣。俱時滅盡。苦

樂雙亡。下無卜居。故於捨心衆同分中。安立居處。

議曰。此標五不還天也。此五天。乃三果聖人所居。不同凡外。故別列之。亦名五淨居。亦名五不還天。言下界等者。二乘斷三界九地思惑。九九八十一品。成阿羅漢。今那含。乃三果人。已斷三禪已下四地各九品惑。種現俱無。名為滅盡。離欲界繫。故亡苦。離下三禪。故亡樂。已不續生。故下無卜居。此地名捨念清淨。故云捨心同分中安立居處。

△二列示因果別相分五　卍初無煩天

阿難。苦樂兩滅。鬬心不交。如是一類。名無煩天。

卍二無熱天

機括獨行。研交無地。如是一類。名無熱天。

議曰。此不還五天中初二名也。前雖苦樂兩亡。而欣厭尚存。待心未泯。今已滅對待。故云鬬心不交。以有對待。覺識煩動。無對待。則無煩矣。微煩曰熱。唯一捨心。故云獨行。對境亦泯。故云研交無地。定障既寂。心得清涼。故云無熱。

卍 三善見天

十方世界。妙見圓澄。更無塵象一切沈垢。如是一類。名善見天。

卍 四善現天

精見現前。陶鑄無礙。如是一類。名善現天。

議曰。此五不還天中三四天也。定慧圓明。故云妙見圓澄。定慧障亡。更無塵象沈垢。捨心圓明。故名善見。定慧功成。故云精見現前。陶鎔習氣不為留礙。故云陶鑄無礙。名善現天。

卍 五色究竟天

究竟羣幾。窮色性性。入無邊際。如是一類。名色究竟天。

議曰。此五不還天中第五天也。窮究至極。故云究竟。眾色極微。故云羣幾。色性性。色之體也。色以空為體。窮至色邊際。即入虛空。故云入無邊際。以究盡色際。名色究竟天。

ஃ 三結歎勝能

阿難。此不還天。彼諸四禪四位天王。獨有欽聞。不能知見。如

今世間曠野深山。聖道場地。皆阿羅漢所住持。故世間麤人。所不能見。

卍 次總結當界得名

阿難。是十八天。獨行無交。未盡形累。自此已還。名爲色界。

議曰。此結四禪天名也。梵語那含。此云不還。以是聖人所居。無漏定力殊勝。故四禪天王。有漏凡夫所不能見。此十八天。超越欲染。一味定心。故云獨行無交。尚有色礙。故云未盡形累。

△ 三無色界四天分二

✕ 初總示當界聖凡因果之相分二

∴ 初列示分二　卍 初寄顯界外因果

復次阿難。從是有頂色邊際中。其間復有二種岐路。若於捨心。發明智慧。慧光圓通。便出塵界成阿羅漢。入菩薩乘。如是一類。名爲迴心大阿羅漢。

議曰。此標無色界。從色界頂。色究竟中。分二岐路也。一迴心羅漢。即出界外。二不迴心者。即入空處。以四禪通修捨定。若於捨心發無漏智。頓斷上地三十六品俱生煩惱。便證無學。仍又迴心向大乘道。即不入空處。名大阿羅漢。蓋依色頂而修此定者也。

卍 二正示界內因果分四 ○ 初空處

若在捨心。捨厭成就。覺身爲礙。銷礙入空。如是一類。名爲空處。

議曰。此標無色初天也。此四天人。無業果色。有定果色。依正皆然。此乃定性聲聞。與無想外道。而來雜處。皆無色蘊。故名無色界。皆依偏空修道。初厭色依空。二厭空依識。三色空識等都滅而依識性。四依識性以滅研窮而不得真滅。是皆未出輪迴不成聖道者也。前依捨心。捨已成就。但有色礙。故消礙入空。此厭色依空。故名空處。

○二識處

諸礙既銷。無礙無滅。其中唯留阿賴耶識。全於末那半分微細。如是一類。名爲識處。

議曰。此四空第二天。乃厭空依識者也。諸礙既銷。躡前空處也。無礙下名破空入識也。銷礙入無。則不依色。無礙之無亦滅。故不依空。唯觀於識。故唯畱賴耶。以末那為意根。依內外門轉。緣色空識三。今六識已滅。故不緣色空。內緣八識見分為我。故半分微細捨空依識。名為識處。

○三無所有處

空色既亡。識心都滅。十方寂然。迥無攸往。如是一類。名無所有處。

議曰。此四空第三天也。前天雖亡空色。而存識心。尚為所有。今識心亦滅。但依識性。故十方寂然。迥無所有。名無所有處。以識性幽緜。行人至此以為極則。非真究竟。實生死本也。

○四非非想處

識性不動。以滅窮研。於無盡中。發宣盡性。如存不存。若盡非盡。如是一類。名爲非想非非想處。

議曰。此四空第四天也。前未見識性。尚有研窮。今識性不動。故滅研窮。依湛不搖處。以為究竟。故云於無盡中。發宣盡性。識性現前。故如存。見相已泯。故不存。前七已消。故若盡。無明未破故非盡。以不存若盡。故非想。以如存非盡。故非非想也。

●次結屬分四　卍　初結屬界外聖人

此等窮空。不盡空理。從不還天聖道窮者。如是一類。名不迴心鈍阿羅漢。

卍 二結屬界內外道

若從無想諸外道天。窮空不歸。迷漏無聞。便入輪轉。

議曰。此總結名四空。非真修也。此等天人。雖欲窮空。但依欣厭。未盡真空之理。妄有取捨。故非真修。以此四天行人。皆從色界五不還天。并無想天而來。若從不還。不能頓斷上惑。未出三界。仍依無漏智斷。消礙入空。而生此天者。名不迴心鈍根那含。通稱羅漢也。若無想外道。與廣果天人。能窮空者。則來生此天。若窮空不能銷礙。是迷於有漏。無所見聞。於彼不來。便入輪轉矣。不歸。不來也。舊引經論。釋無想外道。業盡必墮。是不來義也。

卍 三結屬實報凡夫

阿難。是諸天上各各天人。則是凡夫業果酬答。答盡入輪。

卍 四結屬寄位菩薩

彼之天王。即是菩薩。遊三摩提。漸次增進。迴向聖倫。所修行路。

議曰。此結顯聖凡之別也。其諸天天人。皆凡夫業果酬答。報盡必墜。若諸天之王。皆菩薩寄位遊戲。出入諸禪三昧。增進聖位。以入菩提路也。

※ 二別結當界得名

阿難。是四空天。身心滅盡。定性現前。無業果色。從此逮終。名無色界。

議曰。此結無色界也。此四空處。色蘊既消。妄想已滅。故云身心滅盡。有定果色。名定性現前。無業果色。名無色界。

㕣 次總結三界之因

此皆不了妙覺明心。積妄發生。妄有三界。中間妄隨七趣沈溺。補特伽羅。各從其類。

議曰。此略結三界虛妄也。謂欲界已上。由昔人中修因感果。但不了妙覺明心。雖欲修因。其實積妄發生。妄有三界之相。未得真修。報盡入輪。故妄隨七趣沈溺。永在生死。故云補特伽羅。各從其類。梵語補特伽羅。此云數取趣。　上明天趣竟

◎七示阿脩羅道因果之相分二　㕣 初標名

復次阿難。是三界中。復有四種阿脩羅類。

次辯相分四　初卵生鬼趣攝

若於鬼道。以護法力。乘通入空。此阿脩羅。從卵而生。鬼趣所攝。

二胎生人趣攝

若於天中。降德貶墜。其所卜居鄰於日月。此阿脩羅。從胎而出。人趣所攝。

三化生天趣攝

有脩羅王。執持世界。力洞無畏。能與梵王及天帝釋四天爭權。此阿脩羅。因變化有。天趣所攝。

△四溼生畜趣攝

阿難。別有一分下劣脩羅。生大海心。沈水穴口。旦遊虛空。暮歸水宿。此阿脩羅。因溼氣有。畜生趣攝。

議曰。此阿脩羅道也。舊說非天。謂有天名而無天德。瞋習然也。判屬天趣。今經屬於四生。非獨天也。此言鬼趣所攝。云從卵生。未詳所以。其與天爭權。華嚴云與帝釋戰。今云與梵王等。且上界無瞋。梵王無欲。何爭之有。此亦未詳。其畜生趣攝者。業報類也。

△次總結虛妄

阿難。如是地獄。餓鬼。畜生。人及神仙。天洎脩羅。精研七趣。皆是昏沈諸有爲相。妄想受生。妄想隨業。於妙圓明無作本

心。皆如空華。元無所著。但一虛妄。更無根緒。

議曰。此總結七趣之狀。以答問義也。七趣皆從無明發業所感。故云昏沈諸有為相。生因業果。皆由妄想。於妙明中。本無所有。如空中華。更無根緒。

◎二結示迷悟因依分二　△初迷時妄有

阿難。此等衆生。不識本心。受此輪迴。經無量劫不得眞淨。皆由隨順殺盜婬故。反此三種。又則出生無殺盜婬。有名鬼倫。無名天趣。有無相傾。起輪迴性。

△二悟後元空

若得妙發三摩提者。則妙常寂。有無二無。無二亦滅。尚無不

殺不偷不婬。云何更隨殺盜婬事。

議曰。此結三界轉變之相。不識本心等。妄想受生也。隨順殺盜婬等。妄想隨業也。業因苦果。有無相傾。起輪迴性。所謂迷時三界有也。若得妙發三摩提等。返妄歸真也。以不識故沈生死。若妙發三昧。妙悟一心。頓證三德秘藏。妙。常。寂。順次配般若。法身。解脫。三德。一心之圓證也。有無二無。則非生死。無二亦滅。則非涅槃。此則妄因亦絕。妄業頓空。非此不足以絕輪迴也。

◎三結答問意

阿難。不斷三業。各各有私。因各各私。眾私同分。非無定處。自妄發生。生妄無因。無可尋究。

議曰。此結答問意也。由前問云。為有定處。為復自然。彼彼發業。各各私受。故此結云。以不斷殺盜婬三業。隨人別造。故云各各有私。別業同受。故非無定處。妄元無因。故無可尋究。

◎四誡勸真修

汝勸修行。欲得菩提。要除三惑。不盡三惑。縱得神通。皆是世間有爲功用。習氣不滅。落於魔道。雖欲除妄。倍加虛僞。如來說爲可哀憐者。汝妄自造。非菩提咎。

◎五結指正說

作是說者。名爲正說。若他說者。即魔王說。

議曰。此結勸修也。前云三緣斷故。三因不生。則汝心中狂性自歇。

歇即菩提。故云要除三惑等。言要必斷。乃為真修也。由前問云。此道為復本來自有。為是眾生妄習生起。故此結云汝妄自造。非菩提咎。

上精研七趣曲示迷中差別之相竟

△二詳辯陰魔曲示悟中差別之相分二

◉初示五陰魔事分十二　㊀初世尊無問自說

即時如來將罷法座。於師子牀。攬七寶几。迴紫金山。再來凭倚。普告大眾及阿難言。

議曰。此敘致。下詳辯陰魔。以示悟中差別之相也。由初云。諸修行人。不能得成無上菩提。乃至別成聲聞緣覺。及成外道諸天魔王及魔眷屬。皆由不知二種根本。錯亂修習。故一往開示真修行法。即以楞嚴大定。通為五十五位真菩提路。乃顯正悟。而定中邪習邪悟。猶未發明。故判前七趣。以明妄想是一。而有七趣升沈之狀者。特顯迷中差別之相也。今此定中。而有五十重陰魔者。正顯悟中差別之相也。前說定用。直示真修。而三乘人未經邪悟。故非所知。此是如來備歷境界。且微細魔事。非一切智不能明了。亦無能問者。故無問自說。已前開示迷悟因果已圓。故將罷法座。有此未盡之意。故再凭寶几。普告大眾。此最上深慈。為最後教誨也。

◇二略示魔事因緣

汝等有學緣覺聲聞。今日迴心。趣大菩提無上妙覺。我今已說眞修行法。汝猶未識。修奢摩他。毗婆舍那。微細魔事。魔境現前。汝不能識。洗心非正。落於邪見。或汝陰魔。或復天魔。或著鬼神。或遭魑魅。心中不明。認賊爲子。又復於中得少爲足。如第四禪無聞比丘。妄言證聖。天報已畢。衰相現前。謗阿羅漢。身遭後有。墮阿鼻獄。汝應諦聽。吾今爲汝子細分別。阿難起立。并其會中同有學者。歡喜頂禮。伏聽慈誨。

議曰。此略示魔事因緣也。諸三乘人。迴心趣菩提者。如前已說真修行法矣。但禪定中微細魔事。汝猶未識。故須詳辯。以防邪悟也。若不說破。恐魔境現前。心中不明。錯認為真。如無聞比丘。妄證謗法。自取地獄。故不得不為子細分別耳。

◇ 三示迷悟之本

佛告阿難及諸大衆。汝等當知有漏世界。十二類生。本覺妙明。覺圓心體。與十方佛。無二無別。由汝妄想。迷理爲咎。癡愛發生。生發徧迷。故有空性。化迷不息。有世界生。則此十方微塵國土。非無漏者。皆是迷頑妄想安立。當知虛空。生汝心內。猶如片雲。點太清裏。况諸世界。在虛空耶。汝等一人發眞歸元。此十方空。皆悉銷殞。云何空中所有國土而不振裂。

議曰。將明動魔之由。先示一真為迷悟之本也。一真法界。心佛眾生三無差別。迷悟轉變。不出此心。虛空世界。依之而立。心本妙明。良由一念無明妄想。迷真背理。故癡愛發生。此言無明通為四惑之本也。生相既發。則全體皆迷。故云徧迷。空性依無明所變。所謂迷妄有虛空也。妄迷轉變而不已。故云化迷不息。有世界生。所謂結暗為色。依空立世界。是則十方國土。皆依妄想安立也。真心至大。故虛空生於妙心。如片雲點於太清。眇乎小矣。況空中之世界。豈不至微哉。故今行人發真歸元。無明一破。則虛空消殞。而空中國土無不振裂。魔以暗昧為體。世界為所依。今國土振裂。而魔宮必隳。此實動魔之由也。

◇四示動魔之由

汝輩修禪。飾三摩地。十方菩薩。及諸無漏大羅漢。心精通溜。當處湛然。一切魔王及與鬼神諸凡夫天。見其宮殿無故崩裂。大地振坼。水陸飛騰。無不驚慴。凡夫昏暗。不覺遷訛。彼等咸得五種神通。唯除漏盡。戀此塵勞。如何令汝摧裂其處。是故鬼神及諸天魔魍魎妖精。於三昧時僉來惱汝。

議曰。此言動魔致擾也。上云發真歸元。則虛空消殞。今修禪定。乃歸元之行也。菩薩羅漢與能修人。心精通溜。謂妄想既破。心境一如。無生體露。故當處湛然。虛空消殞。而魔宮自振。此實動魔之由也。魔具五通。有大神力。魔以害善得名。戀此欲境。豈肯甘心令汝破壞其處。是故於三昧中。皆來惱汝。理必然也。

㊄五示悟則勝邪

然彼諸魔。雖有大怒。彼塵勞內。汝妙覺中。如風吹光。如刀斷水。了不相觸。汝如沸湯。彼如堅冰。煖氣漸鄰。不日銷殞。徒恃神力。但爲其客。成就破亂。由汝心中五陰主人。主人若迷。客得其便。當處禪那覺悟無惑。則彼魔事無奈汝何。陰銷入明。則彼群邪咸受幽氣。明能破暗。近自銷殞。如何敢留擾亂禪定。

㊁ 六示迷則邪勝

若不明悟。被陰所迷。則汝阿難必爲魔子。成就魔人。如摩登伽。殊爲眇劣。彼唯呪汝破佛律儀。八萬行中。祇毀一戒。心清淨故。尚未淪溺。此乃隳汝寶覺全身。如宰臣家。忽逢籍沒。宛轉零落。無可哀救。

議曰。此言邪不勝正也。魔依幽暗。定心虛明。故如吹光割水。明暗二相。了不相及。故了不相觸。明能破暗。如湯消冰。是從外來。故如客。邪不勝正。故不能破壞。以汝心迷。故彼得其便。但以禪那智照。則魔自不容。定力愈堅。則魔不能擾。以悟則勝邪。若汝陰自迷。故成就魔事。以迷則邪勝。且如摩登。絕為眇劣。彼假呪力。猶但毀一戒。況魔有大神力。斷滅法身慧命。破法王家。固宜深防。無令得便也。

◇ 七正陳魔事分五　◇ 初色陰分三

△ 初當陰未破

阿難當知。汝坐道場。銷落諸念。其念若盡。則諸離念一切精

明。動靜不移。憶忘如一。當住此處入三摩提。如明目人。處大幽暗。精性妙淨。心未發光。此則名爲色陰區宇。若目明朗。十方洞開。無復幽黯。名色陰盡。是人則能超越劫濁。觀其所由。堅固妄想以爲其本。

議曰。此示五陰迷悟之相。以辯魔境也。魔以幽暗為性。陰以覆蔽為義。由迷一真而成色心五陰。蓋覆真心。是通以覺場而變為魔窟也。是故眾生世界。為魔所依。今若返妄歸真。必消此五陰身心。以復一真之覺體。是由一心迷悟。故魔佛於是乎辯。今以觀照研窮。五陰將破未破之間。而陰境隨心轉變。以有積劫習氣。化為種種境界。所謂化迷不息也。以唯心所現。故悟則無咎。以清淨心中。

纖塵不立。一念纔著。便墮魔類矣。汝坐道場消落諸念等者。乃初入禪觀照得力時也。當住此處入三摩地。是直心正念為定本也。即於定中。如明目人處暗。正是色陰覆蔽之相。區。局也。宇。覆蔽也。若色陰盡。則十方洞開。無復幽暗矣。前劫濁依色陰而有。劫者。時也。空為時初。為色之體。色陰一破。則三際頓空。故能越劫濁。空晦暗中結暗為色。故堅固妄想以為色本。

△二示定境差別向下十段

阿難。當在此中。精研妙明。四大不織。少選之間。身能出礙。此名精明流溢前境。斯但功用。暫得如是。非爲聖證。不作聖心。名善境界。若作聖解。即受羣邪。

議曰。此色陰將破。而有十重境界也。即前離念精明之中。以觀精研妙明心體。所有妄想。融涉四大。故交織不散。今研心離色。妄想不行。故四大不織。少選。謂少時也。當此不織。則四大各離。故身不拘心。即能出礙。但是精明流溢前境。色陰實未破也。功用暫得如是耳。不作聖心。則為功用善境。若作聖解。即受魔氣耳。

阿難。復以此心。精研妙明。其身內徹。是人忽然於其身內。拾出蟯蛔。身相宛然。亦無傷毀。此名精明流溢形體。斯但精行。暫得如是。非爲聖證。不作聖心。名善境界。若作聖解。即受羣邪。

議曰。此色陰第二境界也。復以前觀照精研心體。心光內徹。四大虛融。洞然不礙。故於身中拾出蟯蛔。而身相不毀。色陰雖未及破。而色質已虛。此特精明流溢形體。暫時功用。非聖證也。

又以此心。內外精研。其時魂魄意志精神。除執受身。餘皆涉入。互爲賓主。忽於空中聞說法聲。或聞十方同敷密義。此名精魄遞相離合。成就善種。暫得如是。非爲聖證。不作聖心。名善境界。若作聖解。即受羣邪。

議曰。此色陰第三境界也。阿賴耶識。所執受四大之身。而在五臟各有所主。隨得其名。在肝曰魂。在肺曰魄。在脾曰意。在腎曰志。在心曰精神。今以觀照研窮。四大虛融。五臟亦化。魂魄無依。故離身涉入。互為賓主也。由夙聞熏種子。因定激發。遂託神魂現說法聲也。此乃精魂遞相離合。非聖證也。

又以此心。澄露皎徹。內光發明。十方徧作閻浮檀色。一切種類。化爲如來。於時忽見毗盧遮那。踞天光臺。千佛圍繞。百億國土。及與蓮華。俱時出現。此名心魂靈悟所染。心光研明。照諸世界。暫得如是。非爲聖證。不作聖心。名善境界。若作聖解。即受羣邪。

議曰。此色陰第四境界也。以前觀心研窮。身心皎徹。色陰既融。心光發明。故現境界。十方下。所現之相。以多生聞熏聖教名言習氣。被定激發。故見世界金色。化佛說法。蓮華等相。以所染善種習氣。故云靈悟。以定力心光研窮明了。照諸世界。暫得如是。非聖證也。

又以此心。精研妙明。觀察不停。抑按降伏。制止超越。於時忽然十方虛空成七寶色。或百寶色。同時徧滿。不相畱礙。青黃赤白。各各純現。此名抑按功力踰分。暫得如是。非爲聖證。不作聖心。名善境界。若作聖解。即受羣邪。

議曰。此色陰第五境界也。又以前定心。精研妙明心體。觀察不停。則忽然虛空成七寶色。五色純現者。是謂寶覺明心。無明未盡。被定激發。故現斯相。此名功力踰分。暫得如是。非聖證也。

又以此心。研究澄徹。精光不亂。忽於夜半在暗室內。見種種物。不殊白晝。而暗室物。亦不除滅。此名心細密澄其見。所視洞幽。暫得如是。非爲聖證。不作聖心。名善境界。若作聖解。

即受羣邪。

議曰。此色陰第六境界也。以前定心研究澄徹。精心發光。從定中發。故不動亂。於夜暗室。見種種物。此非心光洞照。但是心細密澄其見。故視能洞幽。非聖證也。

又以此心。圓入虛融。四體忽然同於草木。火燒刀斫。曾無所覺。又則火光不能燒爇。縱割其肉。猶如削木。此名塵併。排四大性。一向入純。暫得如是。非爲聖證。不作聖心。名善境界。若作聖解。即受羣邪。

議曰。此色陰第七境界也。前以定心虛融四大。今以觀心圓入虛融。又離於執受。故忽同草木無知。火燒刀割。皆無所覺。此名排四大性。純入虛融。暫得如是。非聖證也。

又以此心。成就清淨。淨心功極。忽見大地十方山河。皆成佛國。具足七寶。光明徧滿。又見恆沙諸佛如來。徧滿空界。樓殿華麗。下見地獄。上觀天宮。得無障礙。此名欣厭凝想日深。想久化成。非爲聖證。不作聖心。名善境界。若作聖解。即受羣邪。

議曰。此色陰第八境界也。以前定心研窮欣厭。習氣內融。故成就清淨。內心既淨。外器虛明。成七寶色。諸佛徧滿。地獄天宮一時俱見。得無障礙。此名欣厭凝想日深。隨想化成。非聖證也。

又以此心。研究深遠。忽於中夜。遙見遠方市井街巷。親族眷屬。或聞其語。此名迫心。逼極飛出。故多隔見。非爲聖證。不作聖心。名善境界。若作聖解。即受羣邪。

議曰。此色陰第九境界也。以前定心研窮深遠。以真心本徧。向為色礙。故不遠見。今以定力精研。陰雖未破。而心能遙遠見聞。親戚眷屬皆隨習現。此名迫心逼極飛出。故多隔見。非聖證也。

又以此心。研究精極。見善知識。形體變移。少選無端種種遷改。此名邪心含受魑魅。或遭天魔入其心腹。無端說法。通達妙義。非為聖證。不作聖心。魔事銷歇。若作聖解。即受羣邪。

議曰。此色陰第十境界也。以前定心研究精極。由昔經邪師聞熏邪種。定研習變。故見善知識。形體變幻。此由邪心含受邪魅。或天魔入心。無端說法。非聖證也。以定力愈深。故魔事益盛。故後四陰。

漸次深入。理固然也。

△三誡勸深防

阿難。如是十種禪那現境。皆是色陰用心交互。故現斯事。衆生頑迷。不自忖量。逢此因緣。迷不自識。謂言登聖。大妄語成。墮無間獄。汝等當依如來滅後。於末法中。宣示斯義。無令天魔得其方便。保持覆護。成無上道。

議曰。此結色陰將破。十種禪那境界之相也。故總指云。皆是色陰用心交互。若一念頓破根本無明。五陰齊消。則無此事。今次第研窮。習氣激發。故云用心交互。若迷而不識。便言證聖。墮大妄語。今令宣示。覺知魔事。庶可保護成無上道也。

◎ 二受陰分三 △ 初當陰未破

阿難。彼善男子。修三摩提。奢摩他中。色陰盡者。見諸佛心。如明鏡中。顯現其像。若有所得而未能用。猶如魘人。手足宛然。見聞不惑。心觸客邪而不能動。此則名爲受陰區宇。

議曰。此示受陰未破之相也。色陰盡者。四大已消。無復罣礙。觀心增明。故諸佛心現於觀照之中。如鏡現像。然佛心無相。而見現像者。乃觀心所變緣影。非真心也。此有所得而未能用者。蓋有含受之執。故如魘人。是名受陰區宇也。

若魘咎歇。其心離身。返觀其面。去住自由。無復罣礙。名受陰盡。是人則能超越見濁。觀其所由。虛明妄想以爲其本。

議曰。此預示受陰盡相也。受盡則無執受。故心能離身。身在心中。故返觀己面。四大已消。無可執受。故無復留礙。見濁依受陰而有。以見有根身可受。領納執取。故為見濁。今受陰盡。故能超之。以含受虛明之相。故名虛明妄想。

△二示定境差別向下十段

阿難。彼善男子。當在此中。得大光耀。其心發明。內抑過分。忽於其處。發無窮悲。如是乃至觀見蚊蝱。猶如赤子。心生憐愍。不覺流淚。此名功用抑摧過越。悟則無咎。非爲聖證。覺了不迷。久自銷歇。若作聖解。則有悲魔入其心腑。見人則悲。啼泣無限。失於正受。當從淪墜。

議曰。此受陰第一境界也。以前觀心研消色陰。故其心發明。以見色消而用心太急。內抑過分。故發無窮悲。此乃宿有悲種。今被觀力激發。故見蚊蚋猶如赤子。此乃功用抑摧太過。非聖證也。不悟其非。則有悲魔入心。失正受矣。

阿難。又彼定中諸善男子。見色陰銷。受陰明白。勝相現前。感激過分。忽於其中。生無限勇。其心猛利。志齊諸佛。謂三僧祇。一念能越。此名功用陵率過越。悟則無咎。非爲聖證。覺了不迷。久自銷歇。若作聖解。則有狂魔入其心腑。見人則誇。我慢無比。其心乃至上不見佛。下不見人。失於正受。當從淪墜。

議曰。此受陰第二境界也。定中見色陰消。則受陰明白。見此勝相。

遂感激心生。若感激過分。則於定中生大勇猛。志齊諸佛。自謂三祇一念能超。此名功用陵率過越。陵。謂陵蔑。率。謂自強。非聖證也。

不悟其非。則狂魔入心。生大我慢。

又彼定中諸善男子。見色陰銷。受陰明白。前無新證。歸失故居。智力衰微。入中隳地。迥無所見。心中忽然生大枯渴。於一切時。沈憶不散。將此以爲勤精進相。此名修心無慧自失。悟則無咎。非爲聖證。若作聖解。則有憶魔入其心腑。旦夕撮心。懸在一處。失於正受。當從淪墜。

議曰。此受陰第三境界也。受陰未盡。故無新證。色陰已盡。故歸失故居。當進退兩難之間。智力衰微。中道隳頹。心無所措。故生大枯渴。則以沈憶為精進相。此名無慧自失。非聖證也。不悟其非。則憶魔入心。心如懸撮。失正受矣。

又彼定中諸善男子。見色陰銷。受陰明白。慧力過定。失於猛利。以諸勝性。懷於心中。自心已疑是盧舍那。得少爲足。此名用心忘失恆審。溺於知見。悟則無咎。非爲聖證。若作聖解。則有下劣易知足魔。入其心腑。見人自言。我得無上第一義諦。失於正受。當從淪墜。

議曰。此受陰第四境界也。慧力過定。失於猛利也。以發勝性。自心疑己是盧舍那。妄以為足。更不前進。此名用心定少慧多。故失恆審。溺於知見。非聖證也。不悟其非。則有下劣易知足魔入其心腑。

自言已得第一義諦。故參禪須要定慧均等。乃善用其心。

又彼定中諸善男子。見色陰銷。受陰明白。新證未獲。故心已亡。歷覽二際。自生艱險。於心忽然生無盡憂。如坐鐵牀。如飲毒藥。心不欲活。常求於人。令害其命。早取解脫。此名修行失於方便。悟則無咎。非爲聖證。若作聖解。則有一分常憂愁魔。入其心腑。手執刀劍。自割其肉。欣其捨壽。或常憂愁。走入山林。不耐見人。失於正受。當從淪墜。

議曰。此受陰第五境界也。當色消受明。二際之間。已失前心。未獲新證。如履懸巖。自生艱險。憂愁種子。被定激發。忽生憂惱。欲早解脫。此名修行失於方便。非聖證也。不悟其非。則有常憂愁魔入其心腑。失正受矣。

又彼定中諸善男子。見色陰銷。受陰明白。處清淨中。心安隱後。忽然自有無限喜生。心中歡悅。不能自止。此名輕安無慧自禁。悟則無咎。非爲聖證。若作聖解。則有一分好喜樂魔。入其心腑。見人則笑。於衢路傍。自歌自舞。自謂已得無礙解脫。失於正受。當從淪墜。

議曰。此受陰第六境界也。定力研窮。色消受明。故身心安隱。忽生歡喜。自不能止。此名輕安無慧自持。非聖證也。不悟其非。則喜樂魔入其心腑。此慧少定多。不均之過也。

又彼定中諸善男子。見色陰銷。受陰明白。自謂已足。忽有無端大我慢起。如是乃至慢慢與過慢。及慢過慢。或增上慢。或卑劣慢。一時俱發。心中尙輕十方如來。何況下位聲聞緣覺。此名見勝無慧自救。悟則無咎。非爲聖證。若作聖解。則有一分大我慢魔。入其心腑。不禮塔廟。摧毀經像。謂檀越言。此是金銅。或是土木。經是樹葉。或是㲲華。肉身眞常。不自恭敬。卻崇土木。實爲顚倒。其深信者。從其毀碎。埋棄地中。疑誤衆生。入無間獄。失於正受。當從淪墜。

議曰。此受陰第七境界也。色消受明。定力研窮。激發慢習。故起諸慢。謂恃己陵他。高舉為性。通稱我慢。其慢有七。稱量自他。比校同德。但稱為慢。謂己獨勝。名過慢。於勝爭勝。名慢過慢。未得謂得。

名增上慢。雖知卑劣。返顧自矜。名卑劣慢。斥毀經像。名邪慢。總由慢習而發也。故輕佛如來。此名見勝無慧自救。非聖證也。不悟其非。則有大我慢魔入其心腑。失正受矣。

又彼定中諸善男子。見色陰銷。受陰明白。於精明中。圓悟精理。得大隨順。其心忽生無量輕安。已言成聖。得大自在。此名因慧獲諸輕清。悟則無咎。非爲聖證。若作聖解。則有一分好輕清魔入其心腑。自謂滿足。更不求進。此等多作無聞比丘。疑誤衆生。墮阿鼻獄。失於正受。當從淪墜。

議曰。此受陰第八境界也。以定研窮。受陰虛薄。定心精明。於此定中。圓悟精理。理隨觀顯。受不能障。故云得大隨順。身心調暢。故忽生輕安。將謂成聖。得大自在。此名因慧獲諸輕清。非聖證也。不悟其非。則有好輕清魔入其心腑。自謂滿足。更不求進。無聞比丘。謂無多聞慧。不達禪支。妄生止足者也。

又彼定中諸善男子。見色陰銷。受陰明白。於明悟中得虛明性。其中忽然歸向永滅。撥無因果。一向入空。空心現前。乃至心生長斷滅解。悟則無咎。非爲聖證。若作聖解。則有空魔入其心腑。乃謗持戒。名爲小乘。菩薩悟空。有何持犯。其人常於信心檀越。飲酒噉肉。廣行婬穢。因魔力故。攝其前人不生疑謗。鬼心久入。或食屎尿與酒肉等。一種俱空。破佛律儀。誤入人罪。失於正受。當從淪墜。

議曰。此受陰第九境界也。因前定力。空慧現前。受陰將盡。得大明悟。忽起空見。故歸向永滅。撥無因果。遂生長斷滅見。非聖證也。不悟其非。則有空魔入其心腑。遂謗持戒。破佛律儀。以由定力。內激邪見。外引空魔。失於正受。

又彼定中諸善男子。見色陰銷。受陰明白。味其虛明。深入心骨。其心忽有無限愛生。愛極發狂。便爲貪欲。此名定境安順入心。無慧自持。誤入諸欲。悟則無咎。非爲聖證。若作聖解。則有欲魔入其心腑。一向說欲爲菩提道。化諸白衣。平等行欲。其行婬者。名持法子。神鬼力故。於末世中攝其凡愚。其數至百。如是乃至一百二百。或五六百。多滿千萬。魔心生厭。離其身體威德既無。陷於王難。疑誤衆生。入無間獄。失於正受。當從淪墜。

議曰。此受陰第十境界也。受陰將盡。內外虛明。以此虛明將為勝境。貪著生愛。深入心骨。愛極發狂。便為貪欲者。以定力激發貪習種子。因而發狂。此名定境安順入心。以無慧照破。遂誤入諸欲。非聖證也。不悟其非。則有欲魔入心。欲鬼所攝。廣行婬欲。及魔厭遭難。必從淪墜。

△三誡勖深防

阿難。如是十種禪那現境。皆是受陰用心交互。故現斯事。衆生頑迷。不自忖量。逢此因緣。迷不自識。謂言登聖。大妄語成。墮無間獄。汝等亦當將如來語。於我滅後。傳示末法。徧令衆生。開悟斯義。無令天魔得其方便。保持覆護。成無上道。

議曰。此誡勸深防也。以定力精嚴。無明未盡。習隨定現。故變現斯事。理智未分。故云用心交互。迷而不識。則墮大妄語。誡令將如來語。宣示末法諸修禪者。早悟其相。勿令天魔得其便也。

◎三想陰分三　△初當陰未破

阿難。彼善男子。修三摩提。受陰盡者。雖未漏盡。心離其形。如鳥出籠。已能成就。從是凡身。上歷菩薩六十聖位。得意生身。隨往無礙。譬如有人。熟寐寱言。是人雖則無別所知。其言已成音韻倫次。令不寐者。咸悟其語。此則名爲想陰區宇。

議曰。此言受盡想現之相也。色受二陰既破。則心無罣礙。故如鳥出籠。從是凡身上歷菩薩六十聖位者。如乾慧地。欲愛乾枯。根境不偶。則能從是安立聖位。雖後三陰未破。而色受已盡。離欲界繫。無明雖在。聖位可歷也。言六十者。連三漸次至妙覺也。得意生身。如羅漢山壁由之直度。如意速疾。故云無礙。非地上三種意生身也。以想陰未破。故如人熟寐寱語。以悟明圓理。但未實證。故如言已成音。今參禪少有開悟。未得大徹。故但知解禪。聞者雖悟。而已實未了。以落憶想窠臼。乃想陰未破。正此類也。

若動念盡。浮想銷除。於覺明心。如去塵垢。一倫生死。首尾圓照。名想陰盡。是人則能超煩惱濁。觀其所由。融通妄想以爲其本。

議曰。此預示想陰盡相也。想相為塵。識情為垢。故想消如去塵垢。想消行現。故一倫生死首尾圓照。以煩惱濁。依想陰而有。由妄想濁亂。故想陰消。則超煩惱濁。以想能融通。心生形取。故云融通妄想。

△二示定境差別向下十段

阿難。彼善男子。受陰虛妙。不遭邪慮。圓定發明。三摩地中。心愛圓明。銳其精思。貪求善巧。爾時天魔。候得其便。飛精附人。口說經法。其人不覺是其魔著。自言謂得無上涅槃。來彼求巧善男子處。敷座說法。其形斯須或作比丘。令彼人見。或爲帝釋。或爲婦女。或比丘尼。或寢暗室。身有光明。是人愚迷。惑爲菩薩。信其教化。搖蕩其心。破佛律儀。潛行貪欲。口中好言災祥變異。或言如來某處出世。或言劫火。或說刀兵。恐怖於人。令其家資。無故耗散。此名怪鬼。年老成魔。惱亂是人。厭足心生。去彼人體。弟子與師。俱陷王難。汝當先覺。不入輪迴。迷惑不知。墮無間獄。

議曰。此想陰第一境界也。受陰已盡。故不遭邪慮。謂已離前十種境界。故定力圓明。激發貪習。心愛圓明。故云求巧。乃精銳其思。貪求善巧。內心既著。故外魔得便。而飛精先附他人。來求巧人前說法。現種種相求巧之人信為菩薩。口中好言者。乃所說之事也。此怪鬼本於貪習。因而附人。去則畱難。覺則無咎。

阿難。又善男子。受陰虛妙。不遭邪慮。圓定發明。三摩地中。心愛遊蕩。飛其精思。貪求經歷。爾時天魔。候得其便。飛精附人。口說經法。其人亦不覺知魔著。亦言自得無上涅槃。來彼求遊善男子處。敷座說法。自形無變。其聽法者。忽自見身坐寶蓮華。全體化成紫金光聚。一衆聽人。各各如是。得未曾有。是人愚迷。惑爲菩薩。婬逸其心。破佛律儀。潛行貪欲。口中好言諸佛應世。某處某人。當是某佛化身來此。某人即是某菩薩等。來化人間。其人見故。心生傾渴。邪見密興。種智消滅。此名魃鬼。年老成魔。惱亂是人。厭足心生。去彼人體。弟子與師。俱陷王難。汝當先覺。不入輪迴。迷惑不知。墮無間獄。

議曰。此想陰第二境界也。定力研窮。激發婬習。以婬心浩蕩。動亂身心。故貪求經歷。好行遊蕩。故魃鬼本於婬習。因而附人。成就破壞也。

又善男子。受陰虛妙。不遭邪慮。圓定發明。三摩地中。心愛緜㴸。澄其精思。貪求契合。爾時天魔。候得其便。飛精附人。口說經法。其人實不覺知魔著。亦言自得無上涅槃。來彼求合善男子處。敷座說法。其形及彼聽法之人。外無遷變。令其聽者。未聞法前。心自開悟。念念移易。或得宿命。或有他心。或見地獄。或知人間好惡諸事。或口說偈。或自誦經。各各歡娛。得未曾有。是人愚迷。或爲菩薩。緜愛其心。破佛律儀。潛行貪欲。口中好言。佛有大小。某佛先佛。某佛後佛。其中亦有眞佛假佛。男佛女佛。菩薩亦然。其人見故。洗滌本心。易入邪悟。此名魅鬼。年老成魔。惱亂是人。厭足心生。去彼人體。弟子與師。俱陷王難。汝當先覺。不入輪迴。迷惑不知。墮無間獄。

議曰。此想陰第三境界也。定力研窮。激發詐習。故心愛緜滔。貪求契合。以詐偽欺人。而欲求合。故魅鬼本於詐習。今年老成魔。破壞定心。

又善男子。受陰虛妙。不遭邪慮。圓定發明。三摩地中。心愛根本。窮覽物化性之終始。精爽其心。貪求辨析。爾時天魔。候得其便。飛精附人。口說經法。其人先不覺知魔著。亦言自得無上涅槃。來彼求元善男子處。敷座說法。身有威神。摧伏求者。令其座下。雖未聞法。自然心伏。是諸人等。將佛涅槃菩提法身。即是現前我肉身上。父父子子。遞代相生。即是法身常住不絕。都指現在。即爲佛國。無別淨居及金色相。其人信受。亡失先心。身命歸依。得未曾有。是等愚迷。惑爲菩薩。推究其心。破佛律儀。潛行貪欲。口中好言。眼耳鼻舌。皆爲淨土。男女二根。即是菩提涅槃眞處。彼無知者。信是穢言。此名蠱毒魘勝惡鬼。年老成魔。惱亂是人。厭足心生。去彼人體。弟子與師。俱陷王難。汝當先覺。不入輪迴。迷惑不知。墮無間獄。

議曰。此想陰第四境界也。定力研窮。想陰漸消。行陰將現。故定中愛窮根本。物化始終。貪求辨析。蠱毒惡鬼。本乎怨習。以怨本深求。今附人壞定。蓋有因也。

又善男子。受陰虛妙。不遭邪慮。圓定發明。三摩地中。心愛懸應。周流精研。貪求冥感。爾時天魔。候得其便。飛精附人。口說經法。其人元不覺知魔著。亦言自得無上涅槃。來彼求應善男子處。敷座說法。能令聽衆。暫見其身如百千歲。心生愛染。不能捨離。身爲奴僕。四事供養。不覺疲勞。各各令其座下人心。知是先師本善知識。別生法愛。黏如膠漆。得未曾有。是人愚迷。惑爲菩薩。親近其心。破佛律儀。潛行貪欲。口中好言。我於前世。於某生中。先度某人。當時是我妻妾兄弟。今來相度。與汝相隨歸某世界。供養某佛。或言別有大光明天。佛於中住。一切如來所休居地。彼無知者。信是虛誑。遺失本心。此名厲鬼。年老成魔。惱亂是人。厭足心生。去彼人體。弟子與師。俱陷王難。汝當先覺。不入輪迴。迷惑不知。墮無間獄。

議曰。此想陰第五境界也。以圓定發明。遂生懸應之心。故貪求冥感。引魔入心。厲鬼本於瞋習。雖與定境不類。附必有由。

又善男子。受陰虛妙。不遭邪慮。圓定發明。三摩地中。心愛深入。剋己辛勤。樂處陰寂。貪求靜謐。爾時天魔。候得其便。飛精附人。口說經法。其人本不覺知魔著。亦言自得無上涅槃。來彼求陰善男子處。敷座說法。令其聽人。各知本業。或於其處語一人言。汝今未死。已作畜生。勅使一人。於後蹋尾。頓令其人起不能得。於是一衆。傾心欽伏。有人起心。已知其肇。佛律儀外。重加精苦。誹謗比丘。罵詈徒衆。訐露人事。不避譏嫌。口中好言未然禍福。及至其時。毫髮無失。此大力鬼年老成魔。惱亂是人。厭足心生。去彼人體。弟子與師。俱陷王難。汝當先覺。不入輪迴。迷惑不知。墮無間獄。

議曰。此想陰第六境界也。以定力漸深。故心愛深入。想陰煩動。今想漸消。故樂處陰寂。貪求靜謐。謐。深靜也。內興邪念。則外魔潛興。故乘便附人。言大力鬼。即餓鬼也。本於慢習。

又善男子。受陰虛妙。不遭邪慮。圓定發明。三摩地中。心愛知見。勤苦研尋。貪求宿命。爾時天魔。候得其便。飛精附人。口說經法。其人殊不覺知魔著。亦言自得無上涅槃。來彼求知善男子處。敷座說法。是人無端於說法處。得大寶珠。其魔或時化爲畜生。口銜其珠。及雜珍寶簡冊符牘諸奇異物。先授彼人。後著其體。或誘聽人。藏於地下。有明月珠。照耀其處。是諸聽者得未曾有。多食藥草。不餐嘉饌。或時日餐一麻一麥。其形肥充。魔力持故。誹謗比丘。罵詈徒衆。不避譏嫌。口中好言他方寶藏。十方聖賢潛匿之處。隨其後者。往往見有奇異之人。此名山林土地城隍川嶽鬼神。年老成魔。或有宣婬。破佛戒律。與承事者。潛行五欲。或有精進。純食草木。無定行事。惱亂是人。厭足心生。去彼人體。弟子與師。多陷王難。汝當先覺。不入輪迴。迷惑不知。墮無間獄。

議曰。此想陰第七境界也。以定中忽起一念好知見心。貪求宿命。故魔得其便。是皆妄有希求。忘失正行。故招魔擾。所謂忘失菩提心而修諸善根。是謂魔業。皆此類也。山林等神。本於誑習。遇幽成形。名為魘鬼。

又善男子。受陰虛妙。不遭邪慮。圓定發明。三摩地中。心愛神通種種變化。研究化元。貪取神力。爾時天魔。候得其便。飛精附人。口說經法。其人誠不覺知魔著。亦言自得無上涅槃。

來彼求通善男子處。敷座說法。是人或復手執火光。手撮其光。分於所聽四衆頭上。是諸聽人。頂上火光皆長數尺。亦無熱性。曾不焚燒。或水上行。如履平地。或於空中安坐不動。或入瓶內。或處囊中。越牖透垣。曾無障礙。唯於刀兵。不得自在。自言是佛。身著白衣。受比丘禮。誹謗禪律。罵詈徒衆。訐露人事。不避譏嫌。口中常說神通自在。或復令人傍見佛土。鬼力惑人。非有眞實。讚歎行婬。不毀麤行。將諸猥媟以爲傳法。此名天地大力山精。海精風精。河精土精。一切草木積劫精魅。或復龍魅。或壽終仙。再活爲魅。或仙期終。計年應死。其形不化。他怪所附。年老成魔。惱亂是人。厭足心生。去彼人體。弟子與師。多陷王難。汝當先覺。不入輪迴。迷惑不知。墮無間獄。

議曰。此想陰第八境界也。以定中忽起愛神通心。貪取神力。故魔乘便附人。以成破壞。因愛神通。故現神通之事。山精等本於見習。乃遇精成形。名魑魅鬼。

又善男子。受陰虛妙。不遭邪慮。圓定發明。三摩地中。心愛入滅。研究化性。貪求深空。爾時天魔。候得其便。飛精附人。口說經法。其人終不覺知魔著。亦言自得無上涅槃。來彼求空善男子處。敷座說法。於大衆內。其形忽空。衆無所見。還從虛空。突然而出。存沒自在。或現其身。洞如瑠璃。或垂手足。作栴檀氣。或大小便如厚石蜜。誹毀戒律。輕賤出家。口中常說無因無果。一死永滅。無復後身及諸凡聖。雖得空寂。潛行貪欲。受其欲者。亦得空心。撥無因果。此名日月薄蝕精氣。金玉芝草。麟鳳龜鶴。經千萬年不死爲靈。出生國土。年老成魔。惱亂是人。厭足心生。去彼人體。弟子與師。多陷王難。汝當先覺。不入輪迴。迷惑不知。墮無間獄。

議曰。此想陰第九境界也。以想陰漸破。行陰將現。故定中心愛入滅。以行陰為生基。故研究化性。以貪求深空。故魔現空事以破壞之。休徵本於枉習貪明。今麟鳳瑞徵為靈。習使然也。

又善男子。受陰虛妙。不遭邪慮。圓定發明。三摩地中。心愛長壽。辛苦研幾。貪求永歲。棄分段生。頓希變易細想常住。爾時天魔。候得其便。飛精附人。口說經法。其人竟不覺知魔著。亦言自得無上涅槃。來彼求生善男子處。敷座說法。好言他方往還無滯。或經萬里。瞬息再來。皆於彼方。取得其物。或於一處。在一宅中。數步之間。令其從東。詣至西壁。是人急行。累年不到。因此心信。疑佛現前。口中常說。十方衆生。皆是吾子。我生諸佛。我出世界。我是元佛。出世自然。不因修得。此名住世自在天魔。使其眷屬。如遮文茶。及四天王毗舍童子。未發心者。利其虛明。食彼精氣。或不因師。其修行人。親自觀見。稱執金剛。與汝長命。現美女身。盛行貪欲。未逾年歲。肝腦枯竭。口兼獨言。聽若妖魅。前人未詳。多陷王難。未及遇刑。先已乾死。惱亂彼人。以至殂殞。汝當先覺。不入輪迴。迷惑不知。墮無間獄。

議曰。此想陰第十境界也。定中忽起愛長壽心。故貪求永歲。以離欲界分段。而頓希變易。此妄想也。細相常住。以生滅細心為常住也。故魔得其便以破壞之。毗舍童子。即毗舍遮食精氣鬼遮文。亦其類也。聽若妖魅。若彼也。前人。所著之人也。

△三誡勖深防

阿難當知。是十種魔。於末世時。在我法中出家修道。或附人體。或自現形。皆言已成正徧知覺。讚歎婬欲。破佛律儀。先惡魔師。與魔弟子。婬婬相傳。如是邪精。魅其心腑。近則九生。多踰百世。令眞修行。總爲魔眷。命終之後。必爲魔民。失正徧知。墮無間獄。

議曰。此結想陰十種魔事也。昔佛住世。諸魔壞法。佛神力故。皆不能壞。魔作誓言。我於如來滅後。依教出家。破壞佛法。佛即墮淚曰。無奈汝何。譬如獅子身中蟲。自食獅子身中肉。是知末世壞法比丘。皆魔屬也。九生。九百年。正法一千年。此將盡時也。一世。三十年。百世。三千年。末法之初。正魔強法弱之時也。

汝今未須先取寂滅。縱得無學。留願入彼末法之中。起大慈悲。救度正心深信衆生。令不著魔。得正知見。我今度汝已出生死。汝遵佛語。名報佛恩。

議曰。此勸留願弘宣以救末法也。佛恩難報。假使頂戴塵劫。身為牀座。皆不能報。若不弘法。畢竟無有可報恩者。故宣佛語。名報佛恩。

阿難。如是十種禪那現境。皆是想陰用心交互。故現斯事。衆生頑迷。不自忖量。逢此因緣。迷不自識。謂言登聖。大妄語成。墮無間獄。汝等必須將如來語。於我滅後。傳示末法。徧令衆生開悟斯義。無令天魔得其方便。保持覆護。成無上道。

議曰。此結魔由。叮嚀誡勖也。以遵奉佛言。則不墮魔網。固宜弘宣以護行人也。

大佛頂如來密因修證了義諸菩薩萬行首楞嚴經通議卷第九

大佛頂如來密因修證了義諸菩薩萬行首楞嚴經通議卷第十

唐天竺沙門般剌密帝譯
烏萇國沙門彌伽釋迦譯語
菩薩戒弟子清河房融筆受
明南嶽沙門憨山釋德清述

◎四行陰分三　△初當陰未破

阿難。彼善男子修三摩提。想陰盡者。是人平常夢想銷滅。寤寐恆一。覺明虛靜。猶如晴空。無復麤重前塵影事。觀諸世間大地山河。如鏡鑑明。來無所黏。過無蹤跡。虛受照應。了罔陳習。唯一精眞生滅根元。從此披露。見諸十方十二衆生。畢殫其類。雖未通其各命由緒。見同生基。猶如野馬。熠熠清擾。爲浮根塵。究竟樞穴。此則名爲行陰區宇。

議曰。此示想盡行現之相也。晝為想心。夜形諸夢。故想消則夢滅。是以寤寐恆一。心體本自圓明。向為浮想煩惱覆蔽。今想陰盡。則圓明虛靜。猶如晴空。煩惱消。則無麤重前塵影事。八識精明之體。照諸世間山河大地。但如鏡中無別分析。只以六識妄想暗蔽。故曰想相為塵。識情為垢。故不明了。今想陰既破。六識已消。故虛明之體如鏡鑑照。不黏蹤跡。雖有行陰生滅根元。則無前六浮想習氣可入。故云了罔陳習。了。絕也。罔。無也。陳。猶列也。謂無習可陳。故八識唯一精真。而行陰微細生滅。亦披露矣。生滅下。行現之相也。行陰為同分生基。想滅行現。故十二衆生畢殫其類。殫。盡也。各命由緒。乃異熟種子。其體深細。故不能知。而同分生基。正是行陰之相。今已披露。故如野馬熠熠清擾。野馬。澤中陽燄也。熠熠。即閃爍之狀。清擾。行陰之相也。已離想陰麤重。故云清擾。外浮根塵。依為機紐。故云樞穴。樞。門轉軸。穴。門臼也。下示行盡之相。

若此清擾熠熠元性。性入元澄。一澄元習。如波瀾滅。化為澄水。名行陰盡。是人則能超衆生濁。觀其所由。幽隱妄想以為其本。

議曰。此預示行盡之相也。以行陰乃八識體上生滅之相。故云元性。八識為湛淵之體。唯一精明。故曰澄曰一。今行陰復歸元性。則八識了無生滅。故性入元澄。如水無波瀾。唯一止水。名行陰滅。以眾生濁。依行陰有。行陰既滅。故能超之。此陰所以不盡者。以幽隱妄想而為其本也。七識乃八識之見分。幽深難知。故云幽隱。

△二示定境差別向下十段

阿難當知。是得正知奢摩他中諸善男子。凝明正心。十類天魔不得其便。方得精研。窮生類本。於本類中生元露者。觀彼幽清圓擾動元。於圓元中。起計度者。是人墜入二無因論。

議曰。此示行陰第一妄計二無因也。此先標其名。定慧堅住。故云凝明正心。此想滅之相。天魔依想陰有。行陰乃見魔也。想陰既消。

便得精研行陰。窮生類本矣。行陰已現。則生元已露。然此生元。通依七識。故云圓元。以但見行陰。就起妄計者。則墮二無因論。是知西天外道。皆有禪定工夫。但不知八識。故起妄計耳。

一者。是人見本無因。何以故。是人既得生機全破。乘於眼根八百功德。見八萬劫所有衆生。業流灣環。死此生彼。祇見衆生輪迴其處。八萬劫外。冥無所觀。便作是解。此等世間十方衆生。八萬劫來。無因自有。由此計度。亡正徧知。墮落外道。惑菩提性。

議曰。此示本無因也。是人。指修禪行人也。以行陰現前。生元披露。故云生機全破。乃乘眼根八百功德。但見八萬劫來。其中衆生業流灣環。委曲輪迴生死之狀。一一了知。而八萬劫前。冥然莫辯。故妄計眾生從八萬劫來。無因自有。以未見藏識中異熟種子。故妄計眾生本來無因。故墮外道。惑菩提性。

二者。是人見末無因。何以故。是人於生既見其根。知人生人。悟鳥生鳥。烏從來黑。鵠從來白。人天本竪。畜生本橫。白非洗成。黑非染造。從八萬劫無復改移。今盡此形。亦復如是。而我本來不見菩提。云何更有成菩提事。當知今日一切物象。皆本無因。由此計度。亡正徧知。墮落外道。惑菩提性。是則名為第一外道。立無因論。

議曰。此示末無因也。是人以定研窮。既見生之根元。則見人物有生受形之始。八萬劫來無復改易。妄謂前既不改。而後亦不易。謂人定生人。烏定生烏。不改別類。以我本不見有菩提。云何末後更有成菩提事。由執本無因。故執末亦無因。故結云皆本無因。且以末因又為後因之本也。此第一計。

阿難。是三摩中諸善男子。凝明正心。魔不得便。窮生類本。觀彼幽清常擾動元。於圓常中。起計度者。是人墜入四偏常論。

議曰。此示行陰第二計四徧常也。以行陰乃八識體中微細生滅之相。今以定力研窮。以見生滅相續不斷。故於圓常中。起四徧常論。實妄計也。

一者。是人窮心境性。二處無因。修習能知二萬劫中。十方衆

生。所有生滅。咸皆循環。不曾散失。計以爲常。

議曰。此示初偏常計也。以行人於禪定中。窮心境二法。故能執至二萬劫中。眾生生滅循環。而體不散失。以不出生滅。故計為常。

二者。是人窮四大元。四性常住。修習能知四萬劫中。十方衆生。所有生滅。咸皆體恆。不曾散失。計以爲常。

議曰。此示二偏常計也。以行人定中。但觀四大性。故能知四萬劫中眾生。生滅體常。以四大乃八識相分。今八識未破。故四大未消。眾生皆以四大為體。四大常而眾生亦常矣。

三者。是人窮盡六根末那執受。心意識中本元由處。性常恆故。修習能知八萬劫中。一切衆生。循環不失。本來常住。窮不失性。計以爲常。

議曰。此示三徧常計也。梵云訖栗瑟吒耶末那。此云染汙意。乃七識也。執受者。乃八識也。今行人以定力研窮六根。以至末那執受者。通言八識。故云心意識中本元由處。至此行雖未盡。而識性已顯。故云性恆常處。故能知八萬劫中衆生本來常住。以衆生各各皆具八識。以八識體常。而衆生亦常矣。以窮不失性故。

四者。是人既盡想元。生理更無流止運轉。生滅想心。今已永滅。理中自然成不生滅。因心所度。計以爲常。由此計常。亡正徧知。墮落外道。惑菩提性。是則名爲第二外道。立圓常論。

議曰。此示四徧常計也。生理。乃行陰也。行人定中一向但窮妄想以為流止生滅。今飍浮想陰已滅。而微細行陰一類相續不斷。故妄謂生滅已滅。則此行陰自然成不生滅矣。乃以生滅為不生滅。故妄計為常。由此忘失菩提。故墮外道四圓常論也。

又三摩中諸善男子。堅凝正心。魔不得便。窮生類本。觀彼幽清常擾動元。於自他中。起計度者。是人墜入四顛倒見。一分無常。一分常論。

議曰。此示行陰第三計四顛倒。一分無常。一分常論也。以七識執第八見分為我。故或執我能生他。則我常他無常。或執我從他生。則他常我無常。故云於自他中起計。是一分常一分無常。

一者。是人觀妙明心。徧十方界。湛然以爲究竟神我。從是則計我偏十方。凝明不動。一切衆生。於我心中自生自死。則我心性。名之爲常。彼生滅者。眞無常性。

議曰。此示四倒見中第一計也。觀智研窮。妄想已消。則八識精明偏十方界。以不知是識體精明。遂執為神我。從此計為我偏十方。一切眾生於我心中自生自死。則我心性為常。彼生滅者真無常性。此單觀自也。

二者。是人不觀其心。偏觀十方恆沙國土。見劫壞處。名爲究竟無常種性。劫不壞處。名究竟常。

議曰。此示四倒見中第二計也。此人定中不觀自心。但觀十方國土。見劫壞處名究竟無常。劫不壞處名究竟常。此單觀他也。

三者是人別觀我心。精細微密。猶如微塵。流轉十方。性無移改。能令此身即生即滅。其不壞性。名我性常。一切死生從我流出。名無常性。

議曰。此示四倒見中第三計也。是人定中觀自心微密。流轉十方。性無改易。故稱為我。今在色蘊之中。能令此身即生即滅。其不壞者是我心性。名我性常。一切生死從我流出。名無常性。此自他共觀。計自常他無常也。

四者是人知想陰盡。見行陰流。行陰常流。計為常性。色受想等。今已滅盡。名為無常。由此計度。一分無常一分常故。墮落外道。惑菩提性。是則名為第三外道。一分常論。

議曰。此示四倒見中第四計也。定中觀四陰先後。今見行陰遷流相續不斷。計為常性。見色受想三陰已滅。名無常性。此合觀四陰。起一分常一分無常計也。此皆不了妙明。故云惑菩提性。

又三摩中諸善男子。堅凝正心。魔不得便。窮生類本。觀彼幽清常擾動元。於分位中。生計度者。是人墜入四有邊論。

議曰。此行陰第四計四有邊論也。以定研窮想陰盡處。行陰現前。有四分位。計為有邊無邊。

一者。是人心計生元。流用不息。計過未者。名爲有邊。計相續心。名爲無邊。

議曰。此行陰四有邊中初計也。定中研窮。見行陰現今流注不息。

過未不見。名為有邊。現相續心。名為無邊。此約三世分位也。

二者。是人觀八萬劫。則見衆生。八萬劫前。寂無聞見。無聞見處。名爲無邊。有衆生處。名爲有邊。

議曰。此行陰四有邊中二計也。定中觀八萬劫前無見聞處。名為無邊。見有眾生處。名為有邊。此約見聞分位計也。

三者。是人計我偏知。得無邊性。彼一切人現我知中。我曾不知彼之知性。名彼不得無邊之心。但有邊性。

議曰。此行陰四有邊中三計也。定中見我之知偏一切處。一切眾生現我知中。是我得無邊性也。彼眾生之知。不見現我知中。以彼未得無邊之心。但有邊性耳。此約彼此分位妄計也。

四者是人窮行陰空。以其所見。心路籌度。一切衆生一身之中。計其咸皆半生半滅。明其世界一切所有。一半有邊。一半無邊。由是計度有邊無邊。墮落外道。惑菩提性。是則名爲第四外道立有邊論。

議曰。此行陰四有邊中四計也。以觀研窮。取行陰空。以空處名滅。見處名生。即計一切眾生身中。一半是生。一半是滅。世界亦然。以現見處名為有邊。以不見處名為無邊。此約生滅分位計也。

又三摩中諸善男子。堅凝正心。魔不得便。窮生類本。觀彼幽清常擾動元。於知見中。生計度者。是人墜入四種顛倒不死矯亂。偏計虛論。

議曰。此示行陰第五計四種不死矯亂論也。長水引婆沙論。說外道計天常住。名為不死。計不亂答。得生彼天。若實不知而輒答者。恐成矯亂。故有問時。答言秘密。不應皆說。或不定答。佛法呵云此真矯亂。以於知見中不能決擇。故有問者矯智亂答。故云不死矯亂。

一者。是人觀變化元。見遷流處。名之爲變。見相續處。名之爲恆。見所見處。名之爲生。不見見處。名之爲滅。相續之因。性不斷處。名之爲增。正相續中。中所離處。名之爲減。各各生處。名之爲有。互互亡處。名之爲無。以理都觀。用心別見。有求法人。來問其義。答言我今亦生亦滅。亦有亦無。亦增亦減。於一切時。皆亂其語。令彼前人遺失章句。

議曰。此行陰四矯亂中初計也。觀照研窮生滅根元。故云觀變化元。於一行陰生滅中別見八義。謂常。變。生。滅。增。減。有。無。不見見者。謂見不見之處也。以理總觀變化之心。用心別見生滅等八義。故計以為宗。有人來問。則答云亦生亦滅等。約八義以答。以無定見。故據兩楹。令彼問人不得道理。無決定見。故云遺失章句。

二者。是人諦觀其心。互互無處。因無得證。有人來問。唯答一字。但言其無。除無之餘。無所言說。

議曰。此行陰四矯亂中第二單計無也。以觀研窮行陰生滅。但見念念滅處。名互互無。遂計為無。諸法皆然。故云因無得證。故有人來問。但答云無之一字而已。

三者。是人諦觀其心。各各有處。因有得證。有人來問。唯答一字。但言其是。除是之餘。無所言說。

議曰。此行陰四矯亂中第三單計有也。以觀研窮行陰生滅。念念生處。名各各有因是得證一切皆有。故有人來問。但答云是。以雖觀生處名有。且又見滅。故不敢正言有。但答是之一字。擬防過也。

四者。是人有無俱見。其境枝故。其心亦亂。有人來問。答言亦有即是亦無。亦無之中。不是亦有。一切矯亂。無容窮詰。由此計度。矯亂虛無。墮落外道。惑菩提性。是則名爲第五外道。四顚倒性。不死矯亂。徧計虛論。

議曰。此行陰四矯亂中第四雙計有無也。以觀研窮行陰生滅二相。故雙計有無。以其境枝不一。故其心亦亂。有人來問。答云亦有即是亦無者。意許亦有之中即有於無。以見生即滅故。亦無之中不是亦有者。以見滅處不許有生。謂無中不敢言有。以此有無互相遮防。故云無容窮詰。總是妄計。本無一定道理。故云矯亂偏計虛論。

又三摩中諸善男子。堅凝正心。魔不得便。窮生類本。觀彼幽清常擾動元。於無盡流。生計度者。是人墜入死後有相。發心顛倒。

議曰。此示行陰第六計死後有相。起十六見也。無盡流。行陰也。今見行遷不息。都執死後有相。以行為我故。

或自固身。云色是我。即色是我或見我圓。含徧國土。云我有色。我大色小色在我中或彼前緣隨我迴復。云色屬我。離色是我或復我依行中相續。云我在色。色大我小我在色中皆計度言。死後有相。如是循環。有十六相。

議曰。此見行陰無盡。故執死後有相。初本計也。自堅固色為我等有四。而後三陰亦然。今觀行陰為無盡流。例觀前三亦皆無盡。故計死後有相。成十六相也。以色陰已破。亦同行陰無盡。故自固身。此計即色是我也。或計我圓徧。云我有色。即我大色小。色在我中也。前緣。即目前之色也。色屬我。即我離色。別有我也。行中相續。云我在色。即色大我我小。我在色中。於色陰中作此四計。於受想行陰亦復如是。四陰共成十六相也。

從此或計畢竟煩惱。畢竟菩提。兩性並驅。各不相觸。由此計度死後有故。墮落外道。惑菩提性。是則名爲第六外道。立五陰中死後有相。心顚倒論。

議曰。此因計四陰死後有相。故別計煩惱菩提不相陵奪。兩性並驅。畢竟後有。例如四陰。蓋顚倒論也。

又三摩中諸善男子。堅凝正心。魔不得便。窮生類本。觀彼幽清常擾動元。於先除滅色受想中。生計度者。是人墜入死後無相。發心顚倒。

議曰。此行陰第七妄計死後無相也。以觀研窮見前三陰已滅。即知行陰亦滅。故計死後無相。

見其色滅。形無所因。觀其想滅。心無所繫。知其受滅。無復連綴。陰性銷散。縱有生理。而無受想。與草木同。此質現前。猶不可得。死後云何更有諸相。因之勘校。死後相無。如是循環。有八無相。四陰因亡果喪從此或計涅槃因果。一切皆空。徒有名字。究竟斷滅。由此計度死後無故。墮落外道。惑菩提性。是則名爲第七外道。立五陰中死後無相。心顚倒論。

議曰。此約四陰。現在因亡。未來果喪。故成八無相。此便計涅槃因果一切皆空。成斷滅見顚倒論也。

又三摩中諸善男子。堅凝正心。魔不得便。窮生類本。觀彼幽清常擾動元。於行存中。兼受想滅。雙計有無。自體相破。是人墜入死後俱非。起顛倒論。

議曰。此行陰第八妄計死後俱非相也。於行存中。兼受想滅。雙計有無。謂將已滅三陰。例現存行陰。作四箇非有句。又將現存行陰。例前已滅三陰。作四箇非無句。前後相望。每陰皆有非有非無。成四俱非。現在既爾。死後亦然。故成八俱非相。

色受想中。見有非有。行遷流內。觀無不無。如是循環。窮盡陰界。八俱非相。隨得一緣。皆言死後有相無相。

議曰。此出八相俱非所以也。色等三陰。先有今無。例行亦爾。此四非有也。行遷流內。觀無不無者。謂若將行陰例前為無。且今現見遷流不斷。故又非無。行既非無。前三亦爾。此四非無也。如是循環窮盡陰界者。現將四陰循歷相例。一一皆見非有非無。故云循環。推至死後。故云窮盡陰界。八俱非相。隨得一緣。謂隨舉一陰。死後皆悉非有非無也。有相。即非無。無相。即非有。

又計諸行。性遷訛故。心發通悟。有無俱非。虛實失措。由此計度死後俱非。後際昏瞢。無可道故。墮落外道。惑菩提性。是則名爲第八外道。立五陰中死後俱非。心顛倒論。

議曰。此四俱非中別計也。以觀四陰有無俱非。故計諸行性遷訛故。通悟一切皆是非有非無。以非有無。虛實不定。故云失措。以現前有無不定。況死後昏瞢何可道耶。特顛倒見耳。

又三摩中諸善男子。堅凝正心。魔不得便。窮生類本。觀彼幽清常擾動元。於後後無。生計度者。是人墜入七斷滅論。或計身滅。或欲盡滅。或苦盡滅。或極樂滅。或極捨滅。如是循環窮盡七際。現前銷滅。滅已無復。由此計度死後斷滅。墮落外道。惑菩提性。是則名爲第九外道。立五陰中死後斷滅。心顚倒論。

議曰。此行陰第九妄計七斷滅也。以觀行陰念念生滅處。名後後無。設生七處。後皆斷滅。七處者。身滅。人天也。欲盡。初禪也。苦盡。二禪也。極樂。三禪也。極捨。四禪及無色也。是名七際。謂七處皆現斷滅。死後不復生也。

又三摩中諸善男子。堅凝正心。魔不得便。窮生類本。觀彼幽清常擾動元。於後後有。生計度者。是人墜入五涅槃論。

議曰。此行陰第十妄計五涅槃也。以觀行陰滅而復生。名後後有。妄計五處為涅槃果。

或以欲界爲正轉依。觀見圓明。生愛慕故。或以初禪。性無憂故。或以二禪。心無苦故。或以三禪。極悅隨故。或以四禪。苦樂二亡。不受輪迴生滅性故。迷有漏天。作無爲解。五處安隱。爲勝淨依。如是循環。五處究竟。由此計度五現涅槃。墮落外道。惑菩提性。是則名爲第十外道。立五陰中五現涅槃。心顛倒論。

議曰。此計五涅槃相也。轉依者。轉生死依涅槃也。未離欲界。於觀心中見圓明相。即以欲界為轉依處。或以初禪。已離欲染。無復憂心。二禪離苦三禪極喜。四禪苦樂二亡。名為極捨。以此五處即轉依處。謂五現涅槃。因修禪定得少輕安。不知現在有漏。便妄執為涅槃。

△三誡勸深防

阿難。如是十種禪那狂解。皆是行陰用心交互。故現斯悟。衆生頑迷。不自忖量。逢此現前。以迷爲解。自言登聖。大妄語成。墮無間獄。

議曰。此結行陰十種狂解也。以上十種。皆是邪見。因修禪定而發邪見。故云狂解。於生滅中妄起計度。理觀不明。故云交互。

汝等必須將如來語。於我滅後。傳示末法。徧令衆生。覺了斯義。無令心魔。自起深孽。保持覆護。銷息邪見。教其身心。開覺眞義。於無上道。不遭枝岐。勿令心祈。得少爲足。作大覺王清淨標指。

議曰。此勸弘宣也。前想陰中所引外魔。故云天魔。此行陰微細。皆於定心自生邪見。故云心魔。乃自作災孽。非外來也。故令弘宣保護。預知覺察。不墮邪見。故云不遭枝岐。枝非根本。岐非正路。離此可至究竟安隱之處也。

◎五識陰分三　△初當陰未破

阿難。彼善男子修三摩提。行陰盡者。諸世間性。幽清擾動。同分生機。倏然隳裂。沈細綱紐。補特伽羅。酬業深脈。感應懸絕。於涅槃天。將大明悟。如雞後鳴。顧瞻東方。已有精色。六根虛靜。無復馳逸。內外湛明。入無所入。深達十方十二種類。受命元由。觀由執元。諸類不召。於十方界。已獲其同。精色不沈。發現幽秘。此則名爲識陰區宇。

議曰。此明行盡識現之相也。世間性。謂行陰為世間生死之體也。以眾生生死。皆依行陰生滅。故為同分生機。前言基。乃其本。今言機。乃樞機也。謂此行陰最極深沈微細。網羅諸趣。結不可解。故云綱紐。今以定力研窮頓破。故云倏然隳裂。補特伽羅。云數取趣。十二類生。由行陰所取。今既隳裂。則因亡果喪。不受後有。故云酬業深脈感應懸絕。是知能滅行陰。則永脫分段生死矣。此行陰盡也。五陰黑暗。覆涅槃天。為生死長夜。今四陰已破。故如天將明。雞後鳴。則將明之時也。識陰精明。故如東方精色。行陰既盡。意根已銷。則六識無體。故六根虛靜不馳。內照識體。通一湛明。湛入合湛。更無可入。故云內外湛明。入無所入。識陰。乃十二類受命元由。至此深達。但觀識性執持根元。習氣不行。新業不起。無受生分。故云諸類不召。十方世界十二類生。身心世界唯識變現。今觀歸識性。故云已獲其同。識精現前不昧。故云精色不沈。識體幽秘。今以觀力研窮。朗入觀境。故云發現。此則名為識陰區宇。以但識陰顯現而未破。故云區宇。

若於羣召已獲同中。銷磨六門。合開成就。見聞通鄰。互用清淨。十方世界。及與身心。如吠瑠璃。內外明徹。名識陰盡。是人則能超越命濁。觀其所由。罔象虛無顛倒妄想。以爲其本。

議曰。此明識陰盡相也。羣召同中。即識體之中。若於此中以觀力研窮。向以六根隔礙。今則銷磨六門。合成一體。開其留礙。使見聞覺知。互相為用。則六根清淨。純一圓明清淨寶覺。故身心世界。如吠瑠璃。內外明徹。名識陰盡。以命濁依識而立。今識陰一破。故超命濁。罔象虛無。謂似有若無。乃法身之影明。指最初生相無明以為識體也。

△二示定境差別以下十段

阿難當知。是善男子。窮諸行空。於識還元。已滅生滅。而於寂滅精妙未圓。能令己身。根隔合開。亦與十方諸類通覺。覺知通溜。能入圓元。若於所歸。立眞常因。生勝解者。是人則墮因所因執。娑毗迦羅。所歸冥諦。成其伴侶。迷佛菩提。亡失知見。是名第一立所得心。成所歸果。違遠圓通。背涅槃城。生外道種。

議曰。此識陰初妄計也。行陰已空。故返識還元。無明未盡。尚有微細流注。故於寂滅精妙未圓。觀照圓明。能令己身六根向隔。而今合開。但未全互用。觀十方諸類唯識所現。故覺知通溜。能入圓元覺性。此特觀照之力。未為究竟。若於所歸之地。便妄立為真常之因。於此生決定解者。是人則墮因所因執。謂因識陰執為真常。為萬法之因。故云因所因。以世間萬法因妄有生。妄本無因。故說無生。今執定此識能生萬法。則與外道所執冥諦無異矣。以娑毗外道。執冥初主諦。從冥生覺等二十五法。故以冥諦為生法之因。非因計因。謬起斯計。故亡正知見。是皆計有所得心為所歸地。故違背涅槃。成外道種。故參禪人。但存絲毫知見未亡。便成外道邪見。況妄計乎。

阿難。又善男子。窮諸行空。已滅生滅。而於寂滅精妙未圓。若

於所歸。覽爲自體。盡虛空界十二類內。所有衆生。皆我身中一類流出。生勝解者。是人則墮能非能執。摩醯首羅。現無邊身。成其伴侶。迷佛菩提。亡失知見。是名第二立能爲心。成能事果。違遠圓通。背涅槃城。生大慢天我徧圓種。

議曰。此識陰第二妄計也。以觀照研窮。行陰雖空。而於寂滅一心未能圓悟。若於所歸識性。覽為自體。以見識性圓滿徧虛空界。則計十二類生從我身中一類流出。以為決定。如此則墮能非能執。其實不能而妄計為能。故云能非能。摩醯首羅。大自在天也。外道計大自在天為常。能生諸法。現無邊身者。執我身能現無量衆生也。因既能為。果成能事。非正知見。故違背涅槃。成我徧圓種。

又善男子。窮諸行空。已滅生滅。而於寂滅精妙未圓。若於所歸。有所歸依。自疑身心從彼流出。十方虛空。咸其生起。即於都起所宣流地。作眞常身無生滅解。在生滅中。早計常住。既惑不生。亦迷生滅。安住沈迷。生勝解者。是人則墮常非常執。計自在天。成其伴侶。迷佛菩提。亡失知見。是名第三立因依心。成妄計果。違遠圓通。背涅槃城。生倒圓種。

議曰。此識陰第三妄計也。所歸。即識體也。前覽所歸為自體。今認所歸為他體。故疑自身及一切法。從彼生起。故以識為都宣流地。計為真常無生滅解。尚在生滅。便早計為真常。不達真無生意。且以生滅為不生。故云既迷不生。亦迷生滅。二俱不識。堅執不捨。

故安住沈迷。以非常計常。故云常非常執。既計彼能生我。便與計自在天我能生彼者類也。因依識陰。非果計果。故云妄計果。計生滅為不生。故云倒圓。

又善男子。窮諸行空。已滅生滅。而於寂滅精妙未圓。若於所知。知偏圓故。因知立解。十方草木皆稱有情。與人無異。草木為人。人死還成十方草樹。無擇偏知。生勝解者。是人則墮知無知執。婆吒霰尼。執一切覺。成其伴侶。迷佛菩提。亡失知見。是名第四計圓知心。成虛謬果。違遠圓通。背涅槃城。生倒知種。

議曰。此識陰第四妄計也。所知。乃所觀識陰也。以觀識體圓偏。其十方草木皆唯識所現。不達此義。遂妄計草木有知。與人同體。不揀有情無情。故云無擇徧知。以為決定。此人則墮知無知執。婆吒霰尼。二外道名也。計一切覺。即草木有知。故成其類。妄計無情有知。故成虛謬果。為倒知種也。

又善男子。窮諸行空。已滅生滅。而於寂滅精妙未圓。若於圓融根互用中。已得隨順。便於圓化一切發生。求火光明。樂水清淨。愛風周流。觀塵成就。各各崇事。以此羣塵。發作本因。立常住解。是人則墮生無生執。諸迦葉波。并婆羅門。勤心役身。事火崇水。求出生死。成其伴侶。迷佛菩提。亡失知見。是名第五計著崇事。迷心從物。立妄求因。求妄冀果。違遠圓通。背涅槃城。生顛化種。

議曰。此識陰第五妄計也。以觀照研窮。六根雖未及互用。已得隨順。四大漸融。妄謂圓化一切發生。遂計四大為常。能成聖果。故各各崇事。以四大為常住解。能生勝果。其四大性實不能生。妄計能生。故云生無生執。三迦葉波。事火外道之儔也。既迷唯心。妄從物立因果。顛倒化理。故云顛化種。

又善男子。窮諸行空。已滅生滅。而於寂滅精妙未圓。若於圓明。計明中虛。非滅羣化。以永滅依。爲所歸依。生勝解者。是人則墮歸無歸執。無想天中。諸舜若多。成其伴侶。迷佛菩提。亡失知見。是名第六圓虛無心。成空亡果。違遠圓通。背涅槃城生斷滅種。

議曰。此識陰第六妄計也。以觀照研窮。觀識性虛明。即於此中見前四陰已滅。則一切永滅。故云非滅羣化。非絕滅也。即計永滅為所歸依。執決定見。此人則墮歸無歸執。斷滅非所歸地。故云歸無歸執。此即無想外道。與四空成其類也。舜若多。空也。此執圓虛無心。斷滅為因。故成空亡果。為斷滅種也。

又善男子。窮諸行空。已滅生滅。而於寂滅精妙未圓。若於圓常。固身常住。同於精圓。長不傾逝。生勝解者。是人則墮貪非貪執。諸阿斯陀。求長命者。成其伴侶。迷佛菩提。亡失知見。是名第七執著命元。立固妄因。趣長勞果。違遠圓通。背涅槃城。生妄延種。

議曰。此識陰第七妄計也。以觀識陰圓常。故欲固色身同於識陰。妄求長生。故云長不傾逝。以色身無常。本不當貪。而妄貪長生。故云貪非貪執。謂貪其不當貪也。阿私陀。云無比。乃長壽仙也。固執妄識為因。趣長勞果。舊解勞作牢固之牢。妄執延年。故云妄延種。

又善男子。窮諸行空。已滅生滅。而於寂滅精妙未圓。觀命互通。卻畱塵勞。恐其銷盡。便於此際坐蓮華宮。廣化七珍。多增寶媛。恣縱其心。生勝解者。是人則墮眞無眞執。吒枳迦羅。成其伴侶。迷佛菩提。亡失知見。是名第八發邪思因。立熾塵果。違遠圓通。背涅槃城。生天魔種。

議曰。此識陰第八妄計也。識陰為十二類生受命元由。今觀此識。故見十方眾生之命。彼此互通。由此遂生妄計。謂我命若盡。則眾生之命亦盡。即教誰證真常。誰化眾生。故留塵勞。多增欲樂。圖命久住。以證真化物。故起惑恣欲。實非證真。故云真非真執。吒枳迦羅。舊未詳釋。意必魔王天名也。以定中忽起邪思為因。立熾塵果。故生天魔種也。

又善男子。窮諸行空。已滅生滅。而於寂滅精妙未圓。於命明中。分別精麤。疏決眞僞。因果相酬。唯求感應。背清淨道。所謂見苦斷集。證滅修道。居滅已休。更不前進。生勝解者。是人則墮定性聲聞。諸無聞僧。增上慢者。成其伴侶。迷佛菩提。亡失知見。是名第九圓精應心。成趣寂果。違遠圓通。背涅槃城。生纏空種。

議曰。此識陰第九妄計也。以觀照研窮。以識體為精真。以惑業為麤偽。精麤二種。因果相酬。故修精真之因。求感精應之果。故見苦斷集。慕滅修道也。今既得滅。便已為休。得少為足。更不前進。此人則墮定性聲聞。及四禪無聞之儔。未得謂得。為增上慢。此以圓精應心。成趣寂之小果。沈空滯寂。故云纏空種。

又善男子。窮諸行空。已滅生滅。而於寂滅精妙未圓。若於圓融清淨覺明。發研深妙。即立涅槃而不前進。生勝解者。是人則墮定性辟支。諸緣獨倫。不迴心者。成其伴侶。迷佛菩提。亡失知見。是名第十圓覺㴟心。成湛明果。違遠圓通。背涅槃城。生覺圓明不化圓種。

議曰。此識陰第十妄計也。覺明。即識精圓明。而此識體。四陰已消。此亦將破。無復麤垢。故云圓融清淨。於此研窮。便為深妙。立為涅槃。此妄計也。是人則墮定性辟支。諸緣覺獨覺之類。認識陰為圓覺。合妄計為㴟心。寂然不動。未破無明。故云湛明果。捨生自度。故不化圓種。

△三戒勖深防

阿難。如是十種禪那。中塗成狂。因依迷惑。於未足中。生滿足證。皆是識陰用心交互。故生斯位。衆生頑迷。不自忖量。逢此現前。各以所愛先習迷心。而自休息。將爲畢竟所歸寧地。自言滿足無上菩提。大妄語成。外道邪魔所感業終。墮無間獄。聲聞緣覺。不成增進。

議曰。此通斥妄計也。以將破識陰。而未極妙圓。似覺未覺。便生邪計。故云中途成狂。不了識陰。妄生止足。故云因依迷惑。淺者為外道邪魔種。深者墮二乘地。

◇ 八勅令弘宣

汝等存心秉如來道。將此法門。於我滅後。傳示末世。普令衆生。覺了斯義。無令見魔。自作沈孽。保綏哀救。消息邪緣。令其身心。入佛知見。從始成就。不遭岐路。

議曰。此勅令弘宣也。以識陰中魔。皆依妄見。故云見魔。自心取著。自壞真修。故云自作沈孽。非此法門。不能保綏哀救。消息邪緣。入佛知見也。心外取法。故云岐路。

◇ 九諸佛同證

如是法門。先過去世恆沙劫中。微塵如來。乘此心開。得無上道。

議曰。此示諸佛同證也。謂無有一佛。不破識陰而得菩提者。

◇ 十陰盡功圓

識陰若盡。則汝現前諸根互用。從互用中。能入菩薩金剛乾慧。圓明精心。於中發化。如淨瑠璃。內含寶月。如是乃超十信。

十住。十行。十迴向。四加行心。菩薩所行金剛十地。等覺圓明。入於如來妙莊嚴海。圓滿菩提。歸無所得。

議曰。此示陰盡圓證功用也。從互用中即入金剛乾慧者。此言識陰一破。則不歷諸位。一超直入。圓證佛果。所以然者。以如來藏清淨真心。本無迷悟。但因一念妄動。是為生相無明。不生不滅與生滅和合。成阿賴耶識。變起色心諸法。而成五陰之眾生。今返妄歸真。乃以金剛如幻三昧。直觀八識根本無明。即轉生死而為涅槃。故不歷諸位。一念頓證無上菩提。此乃上根利智。如觀音耳根圓通。生滅既滅。寂滅現前。忽然超越世出世間。故今識陰一破。則六根互用。從互用中。即入菩薩金剛乾慧。是則但破生相無明。便成佛果。不必定歷諸位也。是知五陰次第。未必一一經歷。但約觀心通途。故須一一開示耳。故識陰盡者。圓明精心於中發化。此即上同諸佛慈力。下合衆生悲仰。普門示現。利益衆生。故云發化。以身心世界。諸佛衆生。圓融交徹。故如淨瑠璃內含寶月。便能頓超諸位。入於果海。歸無所得。如此方名究竟極則也。

㊇十一先佛授受

此是過去先佛世尊。奢摩他中。毗婆舍那覺明分析微細魔事。魔境現前。汝能諳識。心垢洗除。不落邪見。陰魔銷滅。天魔摧碎。大力鬼神。褫魄逃逝。魑魅魍魎。無復出生。直至菩提。無諸少乏。下劣增進。於大涅槃。心不迷悶。

議曰。此言先佛授受心法以示行人也。以三觀乃佛佛成道之本。定中魔事。乃先佛所經。非今特說。故須諦信也。令預識魔事。則魔境現前。則不落邪見。魔氣銷滅。即可直至菩提。心不迷悶。有此大益。故須弘宣。

㊁ 十二重示密修

若諸末世愚鈍衆生。未識禪那。不知說法。樂修三昧。汝恐同邪。一心勸令持我佛頂陀羅尼呪。若未能誦。寫於禪堂。或帶身上。一切諸魔。所不能動。汝當恭欽十方如來。究竟修進。最後垂範。

議曰。此再示密修功用也。愚鈍衆生。不知說法。有修禪者。恐遭魔擾。則教一心持我佛頂神呪。此是諸佛心印。仗斯呪力。則魔不能動。此外無可降魔者。唯此法門。乃十方如來究竟修證。出世密因。實如來最後之垂範。汝宜恭欽宣布。以利將來。作大法益也。

前明五陰魔竟

◉二示五陰妄想分二 ㈠初當機請問

阿難即從座起。聞佛示誨。頂禮欽奉。憶持無失。於大衆中。重復白佛。如佛所言。五陰相中。五種虛妄。爲本想心。我等平常。未蒙如來微細開示。又此五陰。爲併銷除。爲次第盡。如是五重。詣何爲界。惟願如來發宣大慈。爲此大衆。清明心目。以爲末世一切衆生。作將來眼。

議曰。阿難因聞從前開示五陰。皆依妄想安立。未知妄想以何為本。上言破五陰相。且五陰相不知頓漸次第。亦不知五陰以何為界。總伸三問。冀佛最後開示也。

◇二世尊委示分五　◇初總示妄元

佛告阿難。精眞妙明。本覺圓淨。非留死生。及諸塵垢。乃至虛空。皆因妄想之所生起。斯元本覺妙明眞精。妄以發生諸器世間。如演若多。迷頭認影。妄元無因。於妄想中。立因緣性。迷因緣者。稱爲自然。彼虛空性。猶實幻生。因緣自然。皆是衆生妄心計度。阿難。知妄所起。說妄因緣。若妄元無。說妄因緣。元無所有。何况不知。推自然者。是故如來與汝發明。五陰本因。

同是妄想。

議曰。此總示五陰皆以妄想為本也。將明妄想。先立一真法界以為妄本。故曰精真妙明本覺圓淨。謂精真妙明本覺真心。本來圓滿清淨。中不畱他。故云非畱生死及諸塵垢。言其本來一法不立。何有五陰差別之相。其虛空世界眾生業果等事。皆因妄想生起。元從本覺妙明真精妙心中。妄以發生世間諸相。如演若迷頭認影之事。無狀狂走。故曰妄元無因。以自妄想發生。遞相為種。故於妄想中立因緣性。已是迷矣。且迷因緣者。又稱為自然。豈非更迷哉。故云皆是眾生妄心計度。本非有也。若知妄有起處。可說因緣。今妄元無。則因緣無有。何況又推自然耶。迷之甚也。由是與汝發明。五陰同是妄想。欲令了悟本非有耳。

◎二別示五陰本因分二　△初列分五

□初色陰

汝體先因父母想生。汝心非想。則不能來想中傳命。如我先言。心想醋味。口中涎生。心想登高。足心酸起。懸崖不有。醋物未來。汝體必非虛妄通倫。口水如何因談醋出。是故當知。汝現色身。名為堅固第一妄想。

議曰。此示色陰妄本也。汝身非有。初因父母妄想交遘。汝心乘此納想為胎。乃為色身之始。汝心非想。何來想中傳此命根。是則汝身蓋因父母與己。三處妄想和合而成。然想雖虛妄而能成事。如我先說想梅思崖。口水足酸因之而出。故妄想雖虛。而實有酸水。因知汝身從妄想有。亦猶是也。是故妄想凝結而成此身。名為堅固第一妄想也。

◎二受陰

即此所說臨高想心。能令汝形眞受酸澀。由因受生。能動色體。汝今現前順益違損。二現驅馳。名爲虛明第二妄想。

議曰。此示受陰妄本也。汝受非有。但由虛想臨高。而明受酸澀。能動色體。則可驗知違順損益苦樂二受。皆因虛明妄想而有也。

◎三想陰

由汝念慮。使汝色身。身非念倫。汝身何因隨念所使。種種取像。心生形取。與念相應。寤即想心。寐爲諸夢。則汝想念。搖動妄情。名爲融通第三妄想。

議曰。此示想陰妄本也。身為四大。本屬無知。但被妄想念慮所轉。故心生形取。與念相應。即寤寐夢覺。皆是妄想搖動妄情。是皆妄想融通一身。是故身以妄想為主也。

◎ 四行陰

化理不住。運運密移。甲長髮生。氣銷容皺。日夜相代。曾無覺悟。阿難。此若非汝。云何體遷。如必是眞。汝何無覺。則汝諸行。念念不停。名爲幽隱第四妄想。

議曰。此示行陰妄本也。行陰本無。但由汝心生滅不停。故使汝身

遷流不住。化理下六句。通言行陰微細。幽隱難知之相。此若非汝
下四句。辯妄無體也。行若非汝。則何能遷體。若實是汝。何以不覺。
求之不得。則知諸行念念生滅不停者。名為幽隱妄想也。

◎ 五識陰

又汝精明湛不搖處。名恆常者。於身不出見聞覺知。若實精眞。不容習妄。何因汝等。曾於昔年。覩一奇物。經歷年歲。憶忘俱無。於後忽然覆覩前異。記憶宛然。曾不遺失。則此精了湛不搖中。念念受熏。有何籌算。阿難當知。此湛非眞。如急流水。望如恬靜。流急不見。非是無流。若非想元。寧受妄習。非汝六根互用開合。此之妄想。無時得滅。故汝現在見聞覺知中串

習幾。則湛了內罔象虛無。第五顛倒微細精想。

議曰。此示識陰妄本也。識陰本非有也。元是真精妙明心體。但受妄想熏習。蓋覆真性。故名識耳。然此識體。元是真精湛不搖處。在此身中。不出見聞覺知。皆識之用也。若此識體果實是真。則不容習妄。以不受熏。乃可名真。如何昔年曾覩奇物。久而不忘。豈非熏習使然耶。以此而推。則汝所指精了湛不搖中。念念受熏。有何籌算。如此安得為恆常耶。故汝所執之湛。非真湛寂。第以微細流注生滅。汝不覺知。如急流水。望之似恬。以流急不見。非是無流。則汝識體。若非想元。寧受妄習。今既受妄熏。則非真常恆一矣。若得此識純真。非汝六根互用。則此妄想無時得滅。豈可以妄想所熏之識。便以為真。故汝現在見聞覺知麤現於外。而其中有串習幾微生滅之相。於湛了內。似有若無。不能窮詰者。正是罔象虛無微細精想。以為識陰之體。由是觀之。五陰皆以妄想為體。妄想無體。則陰非有也。

△二結

阿難。是五受陰。五妄想成。

議曰。此結示五陰皆妄想成也。此五即是眾生受報之地。故通名五受陰。又名五取蘊。乃補特伽羅所數取故。　上答五陰本因

◎三示陰界邊際

汝今欲知因界淺深。唯色與空。是色邊際。唯觸及離。是受邊

際。唯記與忘。是想邊際。唯滅與生。是行邊際。湛入合湛。歸識邊際。

議曰。此答二問因界淺深也。因即界義。亦是分義。因依界分。際分各別。故云因界色。謂形色空。謂顯色俱色蘊攝。唯色與空。乃色邊際。觸有違順。離無違順。唯一捨受。三受乃受之邊際。記憶與忘。乃想邊際。生滅四相。乃行之邊際。湛入合湛者。湛乃八識之體。所謂湛兮似若存。以生滅乃從湛流出。今旋歸妙湛。故云湛入合湛。為識之邊際也。

◎四示迷悟頓漸

此五陰元。重疊生起。生因識有。滅從色除。理則頓悟。乘悟併銷。事非頓除。因次第盡。我已示汝劫波巾結。何所不明。再此詢問。

議曰。此答三問頓漸也。以此五陰最初生起。從阿賴耶識。變起見相二分。以此色心二法。和合而成五陰之眾生。故云生因識有。今返妄歸真。先破色陰。後破識陰。故云滅從色除。若依圓理。一念頓悟。不歷漸次。頓登佛地。故云乘悟併銷。但歷劫無明習氣。須一一研窮。故云漸除。須因次第而盡。如前所示巾結同異。結解次第。何所不明。今再問耶。此結責也。

◎五結勸修持

汝應將此妄想根元。心得開通。傳示將來末法之中諸修行者。令識虛妄。深厭自生。知有涅槃。不戀三界。

議曰。此結勸也。一切世界妄想所持。今知五陰身心。同一妄想。則一切無非妄想建立。若了妄想無性。則身心世界當下銷亡。有何涅槃之難證。又何三界之可戀哉。是故將此妄想根元。傳示末法。令知修行之要也。

前正宗分竟

○三流通分分四　⊠初較量功德

阿難。若復有人。徧滿十方所有虛空。盈滿七寶。持以奉上微塵諸佛。承事供養。心無虛度。於意云何。是人以此施佛因緣。得福多不。

議曰。此勸流通。先較功德。令生信重也。十方虛空。廣大之處。充滿七寶。能施之多。微塵諸佛。所奉之眾。心無虛度。立心之堅。如此殊勝。獲福豈可思議哉。

⊠ 二獲福殊勝

阿難答言。虛空無盡。珍寶無邊。昔有眾生。施佛七錢。捨身猶獲轉輪王位。況復現前虛空既窮。佛土充徧。皆施珍寶。窮劫思議。尚不能及。是福云何更有邊際。

議曰。此答供佛獲福殊勝也。施七錢而感輪王之報。所施者少。所報者大。況以滿空無盡之七寶。以奉至極之如來。如此之福。豈可得而思議耶。

☒ 三總顯勝益

佛告阿難。諸佛如來。語無虛妄。若復有人。身具四重十波羅夷。瞬息即經此方他方阿鼻地獄。乃至窮盡十方無間。靡不經歷。能以一念。將此法門。於末劫中。開示末學。是人罪障。應念銷滅。變其所受地獄苦因。成安樂國。得福超越前之施人。百倍千倍。千萬億倍。如是乃至算數譬喻。所不能及。阿難。若有眾生。能誦此經。能持此呪。如我廣說。窮劫不盡。依我教言。如教行道。直成菩提。無復魔業。

議曰。此以厚施之福。極重之罪。總校不若弘法之勝益也。四重十重之罪。阿鼻極重之苦。窮盡十方之廣。此罪此苦。不可思議矣。若能以此法門。一念開示末法。則令前重罪頓銷。苦具變成樂國。足知此法之勝益也。不唯滅罪。又且獲福。超前布施之人。不可算數之倍者。何其法之殊勝耶。良以圓頓法門。一念熏修。即得無上菩提之果。故此經說如來藏性功德無窮。呪乃諸佛心印。印持無盡。顯密雙修。成佛真要。故說不能盡。若依教修行。直成菩提。無復魔業。是謂最勝法門也。故弘宣之功。不可思議矣。

⊠四都結法會

佛說此經已。比丘。比丘尼。優婆塞。優婆夷。一切世間。天。人。阿脩羅。及諸他方。菩薩。二乘。聖仙童子。并初發心大力鬼神。皆大歡喜。作禮而去。

議曰。此結法會也。以如來最極之至聖。集凡聖同居之法會。現無量光明之瑞相。演秘密難思之神呪。說微妙難解之法門。斷歷劫生死之愛根。銷五陰邪思之魔業。得見所未見。幸聞所未聞。所以皆大歡喜也。

大佛頂如來密因修證了義諸菩薩萬行首楞嚴經通議卷第十

楞嚴通議補遺

明南嶽沙門憨山釋德清述

首楞嚴一經。統收一代時教迷悟修證因果。徑斷生死根本。發業潤生二種無明。名結生相續。頓破八識三分。故設三種妙觀。攝歸首楞嚴大定。是為最上一乘圓頓法門。直顯一真法界如來藏性。稱為妙圓真心。據此大定列為三觀者。以如來藏有三種義。謂空如來藏。不空如來藏。空不空如來藏。由此藏性。迷為阿賴耶識。變起見相二分。藏性在識。名自證分。由本性不染。名白淨識。為證自證分。按論真如生滅二門。此證自證分。即是真如。其自證分。即迷中本覺。見分。即前七轉識。相分。即虛空四大。在外為世界山河大地及五塵境。在內為根身。為有執受五蘊之色受二蘊。見即七識意根。及六意識。及前五識。與同時分別意識。今修楞嚴大定。端在直破八識。但此識體久迷。由相見二分。結為五蘊根身。及外世界五塵。為分別俱生麤細我法二執。以執五蘊根身。為我執。貪外五塵。為我所受用。及計有所作。為法執。由此二執。纏緜生死。故今願出生死。先破二執。為最初方便也。故阿難特請妙奢摩他三摩禪那為成佛之要。佛特許以三摩提名大佛頂首楞嚴王。此乃歷別而請。佛據一心圓融大定而說也。是知此經。始終不出三觀。究竟不離一心耳。其經文雖未明言指歸。其於破顯之文皎然明白。第流通者未之究耳。三觀者。經妙奢摩他。即當空觀。三摩。即假觀。禪那。即中道觀也。皆云妙者。意顯圓融三觀。妙契一心。舉一即三。言三即一。離即離非。迥出思議之表也。今議此經通以體相用標題者。意在先悟後修。故首標觀體。欲令先悟藏性三諦理體。依之建立觀相。所謂先悟毗盧法界也。次示觀相者。意謂無相真心。今全迷為識。結成五蘊根身器界有相之法。要在即相而修。故修道文中。單指五蘊六根。次即三科七大。一一皆是悟入之門也。證果分中以觀用標者。正顯所修三觀。有能斷能證之力用也。故愚所謂始終不出三觀者此也。

問曰。三觀以體相用分之者何也。　答曰。名雖三觀。為約如來藏三諦之理。須以三觀證之。其實總是一心。故佛以首楞嚴大定許之。意謂三觀不離一心也。按起信論云。有法能起摩訶衍信根。所言法者。謂眾生心。是心總攝一切世間出世間法。故不名心而名法。然有法必有義。以體相用三。為一心之義。所謂三大是也。以此真心。其體廣大。故言體大。以此本來無相。今現十法界依正因果事相。皆是有相之法。故相亦大。以迷此心而成六凡。悟此心而成四聖。皆一心轉變之妙用也。故用亦大。謂令先悟此心之體。佛謂開示此體以便造修。故首明觀體也。既悟此體。了知根身器界一切妄相。皆依一心建立。今將所悟之體。一一照破妄相。本是妙明真心。故修但依妄相而修。故云觀相。正當修道之要也。其五十五位。皆依觀心建立。要顯此三觀有能斷惑證真之大用。故為三觀之用也。以論勘經。明文昭著。妙契佛心。故予判列無疑。以見如來說法之本意。且與行人易入也。

問曰。三觀體中。攝經三卷半文。且空觀一科。即該三卷經文。至若三科七大本如來藏。似顯空理。其初以徵心辨見發揮。以至二種妄見種種徵辨者。主何意耶。　答曰。此經統收五教。即此一空觀體。備該五教空理。徹一代之談。文簡義幽。殊難領會。故予通議。備列破顯題綱。使知節要。至於破妄顯真。經文止有卷半。其義已收四十年前所說教義。非淺淺也。以吾佛出世。說法四十九年。談經三百餘會。單為破眾生我法二執耳。二執若破。即證涅槃。涅槃者。即如來藏寂滅一心也。以眾生迷此如來藏心。不生不滅與生滅和合。成阿賴耶識。此識具有四分。謂一證自證分。即一心真如。二自證分。即迷中本覺。當論中覺不覺義。三見分。即前七轉識。四相分。即外器界。經中地水火風虛空。乃外五大。為世界。內之根身。即五蘊眾生。以眾生既迷此真心。但認五蘊幻妄身為己身心。妄執為我。名分別我執。外世界五塵為我所受用。名分別法執。此分別二執。皆六識所計。以七識乃六識之根。依內外門轉。其實二識通計也。又有俱生我法二執。此單屬七識。計八識見分為自內名我執。修行妄有證得為法執。此二微細。名俱生二執。若二種二執破盡。乃可證入一心之源。是名為佛。阿難既迷真心。正為二障所纏。必須破盡。乃是真菩提路。故此三觀。乃破麤細二執之具也。其經文徵心辨見。乃通破麤細二種我執。二種妄見。及後破和合。乃通破麤細二種法執。以此楞嚴大定。乃圓斷五住煩惱。齊了二種生死。不比諸經有先後也。以統收五教。頓證一心。故不證先後耳。

問曰。諸教別說。先斷分別二執。次斷俱生二執。此言總斷者何耶。

答曰。七識乃我法二執之根。依內外門轉。若依外門。與六識作根。則有分別二執。若依內門。則執八識見分為我。此乃俱生我執。此執至七地中乃斷。八地以上猶有俱生法執者。以七識具染淨二分義。故七地斷者乃染分末那。向執八識見分為我者。今此染分一斷。則捨藏識名。而此八識。即轉證真如。名白淨識。尚有淨分末那。執此真如謂我所證得。是為微細法執。即後經云。菩提心生。生滅心滅。猶屬生滅。以執真如有所證得。能所未忘。觀智未泯。尚為微細法執。此執若斷方入妙覺。證一心源。此義全合起信。勘定甚明。故云頓斷頓證。

問曰。此經破執之文。向所未明。從來傳者。但云徵心辨見而已。至於二種見妄。亦不知為何而說也。今通議雖明列破顯之科。正當破執之義。先後次第。猶所未明。請細言之。　答曰。所言精麤二執。義關真妄二途。總不出八識五蘊耳。一代時教所破者唯此而已。以迷一心成阿賴耶識。此識具有四分。其前三分。即五蘊身心世界。其證自證分。即所證真如。今麤細二執。唯破四分唯識。攝歸一心為極耳。故勘定經文。按此而破。先破五蘊。屬分別我執。其破識蘊。而俱生我執即兼帶其中。其二種見妄。乃破分別法執。此凡夫二乘之所共執者。故破二妄之後。即顯本覺真心。以此故知俱生我執。已帶破在前矣。至次章云。汝雖先悟本覺明心。汝猶未明如是覺元。非和合生。非不和合等。此正破俱生法執。即此經後云。菩提心生。生滅心滅。猶屬生滅。故此執一破。則頓歸藏性矣。故下文發明一一皆如來藏者。意顯前破所顯者乃但空耳。下會三科七大之文。乃顯妙有實相真空義耳。此實破妄之關鍵也。細心深思。乃見其妙。

問曰。破執經文。科雖分截。但通途次第。尚未了然。請詳言之。　答曰。分別二執。即一切眾生所執五蘊身心世界。此屬八識相見二分是也。其俱生我執。乃八識自證分。向被七識內執為我。我者經中見精。即自證體。乃迷中本覺佛性。故經中二妄既破。即顯此本覺真心。此屬緣因佛性。從斷所顯者。未是離障真如也。以淨分末那。猶執此覺為我所證得。此正微細法執。所謂法執不忘。已見猶存。華嚴八地菩薩。迷於真如理中。必待三加七勸方能捨者。以異熟未空。顯最難斷也。即從八地進入等覺。勘此經文二妄之後。佛言。汝雖先悟本覺明心。汝猶未明如是覺元。非和合生及不和合。意在破和合覺。謂始覺合乎本覺。名究竟覺。猶屬和合對待。故此和合一破。即顯如來藏性。頓證一心之源矣。是知八地以上。乃破俱生法執耳。論說佛有淨分末那。義在此也。其破分別二執之文。從初請定。直至破見精後。通破五蘊身心。而俱生我執亦在所破。二妄之文。單破分別法執。其旨甚明。

問曰。初破五蘊。而如來乃首約徵心。而科云乃破色受二蘊。意猶未明。請直示之。　答曰。八識相見二分。相乃四大。見乃轉識。以最初見分。搏取四大少分為我根身。論中所指。乃受執處。遂成五蘊之眾生。故經云一迷為心決定惑為色身之內者此也。以色受二蘊。正是執受所依之處。名雖徵心。意顯此根身本空。非可依處。欲修大定。先須內脫身心。故先破色受二蘊。色身既破。則無所執受。則妄心無依。故後進破六識為想蘊耳。

問曰。徵心之後。阿難重請奢摩他路。如來放光復詰其心。科為破六識想蘊者何也。　答曰。初徵心。為破色受二蘊。正破小乘身見。意顯欲修大定。必須內脫根身也。以凡夫但認妄想為心。外道依此妄計。小乘但斷六識。上二界天人但滅六識。故佛最初即云。一切眾生。皆由執此生死妄想。誤為真實。雖云修行。不成聖果。故修大定。必首破之。以此妄想。一向執此根身為所依處。舉此執心在此身內。被佛徵詰。故有七處展轉之執。今皆被破。已顯四大本空。則色受二蘊已空矣。唯此妄想。乃生死之本。故次破之。意顯此想非空觀不破。故阿難重請開示奢摩他路也。未破之先佛放光明者。意以此光為定體也。了此光明。則妄想頓破。不待言矣。良由眾生昧此光明。但用妄想。種種顛倒。故先標二種顛倒。以為所破之本意。謂顛倒不生。即是如來真三摩地。故下所破者二顛倒耳。仍詰其心者。正顛倒之心耳。以顛倒心。起顛倒見。故舉拳雙驗心目所在。阿難但執能推妄想為心。故佛咄斥其非心。結云皆由執此生死妄想等。此正破六識。當想蘊也。下為隨破顛倒之見。故阿難重請發明妙心。開我道眼。意在破妄見耳。

問曰。破見之文。不知歸著。請詳示之。　答曰。見乃八識見分。為前七轉識。七識為六識意根。故七隨內外門轉。外轉在六識。為分別見。內轉執八識為我。為推度見。但有麤細不同耳。先破凡夫常見。二乘無常見。外道斷見。皆破分別見也。屬第一顛倒。猶係六識。故此後文。乃屬七識行蘊。破推度見。屬第二顛倒。然分別見。乃分別我執。推度見。即俱生我執。直至破識精。俱生我執方盡破耳。彼二種見妄。乃破分別法執。二妄之後。破和合章。乃破俱生法執也。以證真如。但能所未泯。有所證得。為微細法執。科名拂迹入玄者。意在泯觀心。絕對待耳。然此二執一破。則頓歸一心。故下文三科七大。一一皆本如來藏也。

問曰。破見之文。科連六七二識。似乎纏繞。學者難分。幸指示之。

答曰。八識三分。各識皆具。以見分為前七轉識。故論云能現能見能取境界。是以六七二識皆有見也。前凡夫二乘外道之見在六識者。正能取境界者也。謂分別見。論為疏所緣緣。其七識約八還以辨者。正指能見。謂推度見。的指對相分而言者也。其破見量。乃約能現。蓋能現相分而起見者。故猶屬七識。此量一破。方泯二分而歸見精耳。佛意甚深微細。非微密觀照不了。此以在破妄門頭。故應委曲搜揚耳。殊非纏繞之說也。

問曰。破見文中。先約八還以辨。科云揀緣。後顯見精。亦科云揀緣。經義不同。而科同者何耶。　答曰。其科揀緣雖同。而義亦攸別。前揀緣者。乃見分雜於緣塵之中。一向能所不分。故揀七緣。乃所緣塵境。其分別緣。故特分能所。各有所還。而見性不無。意指諸可還者。皆非是見。其不還者。乃見性耳。此但且分能所。尚未的指見性為見精也。其次顯見精而揀緣者。乃單揀相分。乃八識所現之緣影。不言見分。意謂種種物像。皆八識體中所現。如鏡中景。景鏡不分。故揀去親相分之緣。而見分自泯。識體猶存。故為見之精者。即識精圓明者也。此在通泯相見二分。獨指識體為見精耳。此意幽深。非麤心可領。須細觀之。

問曰。其見量似屬八識現量。故此一破即云身心圓明。不動道場。於一毛端。則能含受十方國土。已至極則。何以又有後文約八識破我等耶。　答曰。見量雖似八識現量。以能現見相二分者識。論說為親所緣緣。若見相未泯。對待未忘。故應在七識耳。其顯真之文。身心圓明。正約破染汙無知。則不執取身心。故云圓明。一毛含受十方國土。正顯離量。故無障礙。此乃分見真理。其實未是極則也。議疏甚明。宜細詳之。

問曰。佛指見精為第二月。且云雖非妙淨明心。如第二月。何以見精方顯。八識未破。而經即云。若能轉物。即同如來。於一毛端。即能含受十方國土。斯則顯理已徹。何以八識未破。而能如此耶。

答曰。此非淺智可知也。只如初地菩薩。纔破分別二執。而藏識全在。即能見百佛世界。此後地地增進。所見漸漸廣大。豈非一毛含受十方國土耶。且此識體。本是真如。但為見相二分障礙。今二分既泯。識精圓明。十方國土。皎然清淨。毛含十方。更復何疑。

問曰。若能轉物之轉。與轉識成智之轉。為同為異。　答曰。轉雖同。而所以轉。則大不同也。轉識成智之轉。乃八識各有所轉。次第先後。單約識說。此經轉物之轉。不說轉識。但約轉物。以物轉。則見分亦泯。見分一泯。前七識一齊頓轉。原無先後次第也。以見乃八識了別之行相。前七轉識。依此見而立。故見泯。而七識齊轉也。所以然者。相宗以識為本。此經會相歸性。特現唯心境界。以一心真源為本。以迷一心真如。而為阿賴耶識。故有見相二分。由相分既立。則見分取相分而為眾生。所謂自心取自心。非幻成幻法。今見分既泯。則離執取。故法法本真。一一本如來藏。不待轉而自轉矣。所謂不用求真。唯須息見。見分一泯。則相分自轉。為一心真如。故即同如來也。所謂不取無非幻。非幻尚不生。幻法云何立。此意幽潛。微密觀照。乃能知之。

問曰。已知破見之意矣。其破八識之文。初云破我。則令即物以推之。又令文殊約是非以揀之。其破自證。則約自然因緣以破之。其破識精。又約明暗色空以揀之。且皆科云以顯一真。豈非重複耶。

答曰。非重複也。以如來說教。特為破眾生之妄執。前云種種顛倒。則眾生之妄計非一端也。其教不比禪宗。一悟便了。教中必欲委曲搜揚。其妄中自有種種妄計。故須一一說破耳。其破我者。以此八識。二乘執為涅槃我。其未悟時。又計蘊即離我。外道計為神我。其未通計為生死我。故今欲破此識。故先破其我見也。此正俱生我執耳。然即物以令推其是非者。以此識體。全變為根身器界之妄想。本無二法。故今即物以推其是非。要顯本為一真。故令文殊發揚。以絕是非之見。以悟一真之理耳。其破自證。乃以因緣自然破之者。以外道不知此識。乃妄計諸法自然而生。謂之自生無因生。又計諸法因緣和合而生。謂之共生他生。皆不知八識之自體。本是妙覺明心也。故約自然因緣以破之。此計一破。則精覺自顯。其破見精。正是前所立二顛倒中。識精元明。能生諸緣。緣所遺者。故追破諸妄。至此乃破。又約明暗色空者。正顯此識精。能生諸緣。緣所遺者。故揀緣以破。要離緣以顯真心。斯實破識之極則也。且節節皆科云顯真者。皆就破彼妄計。則顯其真。乃分顯耳。非全體也。佛言阿陀那識甚深細。故非麤心可易會也。宜深觀之。

問曰。破見精文中。又約前塵明暗色空以破。且曰說我能見。及科顯始覺文中。又復揀緣。是則此與前破見分揀緣何別。　答曰。此文似同。而義迥別。深所難明。請細陳之。前破見分對揀緣者。乃見分執取所緣之境。一向混而不分。故今將破見分。必先揀去妄緣。妄緣既離。則見無所執。此見不泯而自泯矣。以相與為有。相與為無也。二分既泯。則見精獨存。故的破之曰。見見之時。見非是見。見猶離見。見不能及。而科云的示始覺者。以此見精。乃是根本無明。言真見見此見精之時。真見不是見精。意謂真智照此無明之時。無明不是真智。且此無明乃真智所變。切近於真。而智尚離之。故云見猶離見。豈彼執取之妄見而可及乎。故云見不能及。此智起惑亡。故科云的示始覺。然破見精而猶揀緣者。乃揀見精離緣也。

前云識精元明能生諸緣。故今離緣。方顯見精。此緣乃八識親相分。為親所緣緣。前見分所揀之緣。乃疏所緣緣。前乃變帶。此乃挾帶。了此相宗。則此中理趣了然矣。

問曰。見精既破。始覺之智已顯。五蘊八識俱破。諸妄已離。而阿難何以又於因緣自然和合之計。心猶未開。而於見見。重增迷悶。以此重請。向下世尊徑說二種見妄。不依所問而答。而科云以破法執。此義深潛。實所難會。請詳示之。　答曰。此中密意從來所未曉也。以教說五蘊。有假名。有實法。前來一往所破五蘊身心。但說破執蘊之執情。其所破者乃假名耳。而此五蘊實法尚存。故仍懷因緣自然和合之疑。心猶未開。至於見見非見重增迷悶者。以見精乃八識自體。為根本無明。故云。陀那微細識。習氣成瀑流。真非真恐迷。我常不開演。此世尊一向不輕談者。故二乘一向迷於此也。今云見見非見。謂真見見此見精。乃真智照此無明也。此豈二乘可知也。且如明來暗去。智起惑亡。真妄不容兩立。經云。此無明者。非實有體。豈有實實無明。以當其智哉。阿難意謂。實有箇見精。與真見可見。今覓見精而不可得。故迷悶耳。況此極則。殊非二乘境界。安得不懷疑漠漠乎。向下世尊答辭。不循所疑。直說二種見妄者。以知阿難未了根本無明。故五蘊實法未消。五蘊既存。則世界山河大地礙眼。此正法執未亡。己見猶存耳。若單就無明。則只用世尊說此無明者非實有體一語可了。今意在破身心世界之法執。故設燈上毛輪。以喻五蘊是假。蓋由眼中有眚所見。今不必責毛輪是有是無。但只知是眼眚。則無見病。意喻但觀五蘊身心是假。乃因無明妄見而有。若了無明本空。則身心自泯。所以喻中但言知是眚者。則無見咎。即此一語的破見見之疑矣。若了身心本空。則可例觀世界。亦似身心。同是妄業之感耳。又何有因緣自然見見之疑哉。此所以有進退合明之說也。所以二妄一破。則本覺真心頓顯。故經結云。若能遠離諸和合緣。及不和合。則復滅除諸生死因。清淨本心本覺常住。科云本覺離緣真如出纏。豈漫然哉。佛意甚明。第觀者智暗。不易了耳。

問曰。後章經文。從來說者。都云重破和合。而此科云拂迹入玄。況經中猶舉見精言之。此則大有徑庭。請示其要。　答曰。議中甚明。此正始覺有功。本覺乃顯。論云。始覺合乎本覺。名究竟覺。今將顯一心真源。絕諸對待。直須觀智俱泯。能所兩忘。故至此乃破和合之覺。此正微細俱生法執。名生相無明。論云。此無明者。唯佛能了。非他境界。故佛無問而自說也。但觀經云汝雖先悟本覺妙明。則許前已悟矣。次云汝猶未明如是覺元非和合等義。極顯了。下云猶以世間妄想而自疑惑證菩提心。此乃的破名言習氣。故云以世間妄想而疑菩提。所謂以生滅心而辨圓覺。而圓覺性亦同流轉。故須泯此知見。乃入一心真源。以真心真智。難以措口。特借見精以例破耳。既破和合。而阿難又作不和合見。故復疑曰。如我思惟此妙覺元。與諸緣塵。及心念慮。非和合耶。觀此。直須心境兩忘。言思路絕。乃入一心之妙耳。

問曰。前會五蘊中。首舉色蘊。依妄見而有。故說目因勞而妄見空華。今說六入。復拈前兼目與勞。共為眼入。意旨何如。　答曰。此最極微細。非前喻可比也。以此中乃說最初六根之元。因見分取相。吸習中歸。和合結成五淨色根。為浮塵所依。本來無入。今始有也。兼目即今眼根為相分。勞即見分。以此二分本無所有。同是菩提瞪發勞相。意顯識體依覺故迷。故云菩提發勞。二分依識而顯。為識之行相。不離自證。原無二體。故云同是。故約以成六根自體為喻。蓋言本無六根。因最初見相和合而成淨色。故雙舉之。以明六根初結之始。故難領會耳。

問曰。處者何義。　答曰。處者唯識說有體實相分色。為見分所慮託處。不拘親疏。為所緣緣。以皆有對待。俱有所依。今言二皆無體。唯一真如。故本如來藏矣。

問曰。起信三細。謂業轉現。如是次第。今經三細。以見為轉相。列於第三。是則先現後轉。豈失論意耶。　答曰。不失論意。各有所主也。論意單說心法生起。謂真境界中。始因一念妄動。即轉圓明真心而為無明。由此無明。乃現分別相續等相。若能離念。即證一心。今經重在眾生生起之元。故因最初一念妄動。即轉無相真心。頓成有相之妄相。故虛空四大自此而形。是為有所有相。因有所相。

即轉本有智光而成妄見。為取相之妄知。由是見相同一元明覺體。今溷雜而不分。遂成有情。所謂色心和合。而為五蘊之眾生。其意重在妄見執取。而為生死病根。所謂數取趣也。故云。自心取自心。非幻成幻法。不取無非幻。故祖師云。不用求真。唯須息見。論獨轉心。故真修端在離念。此經轉境。故云若能轉物即同如來。故真修端在不取。即斷生死根本。故破妄直專揀緣。經重所取故先相。論重能取故先見。故為門不同。而修斷亦別也。宜深觀之。

楞嚴通議補遺

光緒二十年冬十一月金陵刻經處識

國家圖書館出版品預行編目CIP資料

大佛頂首楞嚴經通議 / (唐)天竺沙門般剌密帝譯 ;(明)南嶽沙門憨山釋德清述. -- 二版. -- 臺北市 : 方廣文化, 2019.05
冊 ; 公分. -- (憨山大師系列)
ISBN 978-986-7078-95-7(全套 : 精裝)
1. 密教部
221.94 108005481

憨山大師系列

大佛頂首楞嚴經通議

〈楞嚴經通議〉是根據金陵刻經處的木刻版線裝書，重新打字、排版。內文的特殊錯簡字，或是古今同義、明顯之錯漏字、明代通用字，與現今的閱讀習慣，容或有大相逕庭之處，本書都盡可能保留下來，供修學對照之用。

作　　者：唐天竺沙門般剌密帝 譯
　　　　　明南嶽沙門憨山釋德清 述
封面題字：廖蕙鎮居士
出　　版：方廣文化事業有限公司
住　　址：台北市和平東路一段一七七之二號十一樓
電　　話：(〇二)二三九二—〇〇〇三
傳　　真：(〇二)二三九一—九六〇三
出版日期：二〇二一年八月 二版二刷
定　　價：新台幣八〇〇元（三冊精裝）
劃撥帳號：一七六二三四六三
戶　　名：方廣文化事業有限公司
網　　址：www.fangoan.com.tw
電子信箱：fangoan@ms37.hinet.net
裝　　訂：精益裝訂股份有限公司
經 銷 商：聯合發行股份有限公司
電　　話：(〇二)二九一七—八〇二二
傳　　真：(〇二)二九一五—六二七五
行政院新聞局出版登記證：局版臺業字第六〇九〇號
如有缺頁、破損、倒裝請電：(02)2392-0003
No.HA01